新时期英汉语言文化与翻译对比研究

谢　萌◎著

中国纺织出版社有限公司

图书在版编目（CIP）数据

新时期英汉语言文化与翻译对比研究／谢萌著．--北京：中国纺织出版社有限公司，2020.3
ISBN 978-7-5180-6481-6

Ⅰ.①新… Ⅱ.①谢… Ⅲ.①英语—文化语言学—对比研究—汉语②英语—翻译—研究 Ⅳ.①H31-05 ②H1-05

中国版本图书馆CIP数据核字（2019）第167524号

责任编辑：武洋洋　　责任校对：王花妮　　责任印制：储志伟

中国纺织出版社有限公司出版发行
地址：北京市朝阳区百子湾东里A407号楼　邮政编码：100124
销售电话：010—67004422　传真：010—87155801
http://www.c-textilep.com
中国纺织出版社天猫旗舰店
官方微博http://weibo.com/2119887771
天津千鹤文化传播有限公司印刷　各地新华书店经销
2020年3月第1版第1次印刷
开本：710×1000　1／16　印张：12.25
字数：190千字　定价：45.00元

前 言

信息时代背景下，随着全球化的不断发展以及社会的不断进步，使得文化之间的交流越来越密切。跨文化交际中有三个常见的话题，那就是语言、文化和翻译。语言承载着文化，也是文化的重要组成部分。同时，文化是语言的基座，文化背景决定语言的形式。因此，语言与文化是相互依存、密不可分的关系。

越来越频繁的国际交流，使翻译成为连接不同语言和文化的重要桥梁。翻译不仅包括语言指示意义的翻译，隐含在语言结构里的文化因素及其相关文化背景都是不可忽视的重要因素。

《新时期英汉语言文化与翻译对比研究》一书专门针对汉英两种语言，展开中西方文化的探讨以及文化翻译的理论与实践研究。因此，本书将就中西文化进行简要对比，进而探讨文化差异对汉英语言的影响，在这个过程中，读者将会被引导从语言差异角度思索外语的学习，加深他们对不同文化的认识和理解。最后，全书的重点将落在文化翻译上，将会从理论和实践两个角度探讨不同领域的文化翻译，全面加强本书的实用性，为读者带来切实可行的指导意义。

从内容来看，本书共分为六章。第一章对全书来说主要起的是总领作用，从内容方面看，分别探讨了语言、文化和翻译三者之间的关系；第二章主要从生活习俗、思维模式、世界观、价值观、时间观、空间观等角度对中西方文化的差异进行探讨；第三章与第二章紧密衔接，指出在中西方不同文化的影响下产生的语言上的差异；从第四章开始，本书将会用大量的篇幅论述文化翻译这一板块。第四章简单介绍了文化翻译的基本理论知识，如翻译的标准、翻译的原则、译者的能力等，这些都是影响翻译成果的重要因素；第五章从中西方文化生活中搜罗了六个方面，分别探讨了它们在文化翻译过程中存在的异同以及处理这些问题的具体方法等；第六章论述了四种语篇翻译中的跨文化转换形式，分别是文学经典作品、广告文体、影视字幕以及政治文献中的文化翻译。

纵观全书，可以发现两个突出的特点：第一，应用了很多实例分析，理论与实践相结合，使其实用性大大增强；第二，全书结构合理，脉络清晰，更便于读者理解。当然，本书在撰写过程中借鉴了很多相关的研究成果，在此向各位专家和学者表示衷心的感谢。限于作者水平，书中难免会有瑕疵和不足，欢迎广大读者批评指正。

作者

2019 年 12 月

目 录

第一章　英汉语言中的语言、文化与翻译

本章主要介绍了文化的概念特征、构成及种类，阐述了文化与语言的关系以及翻译与语言文化的关系。英汉语言有其各自不同的特点，东西方文化也存在很多差异，翻译时不仅应当注意英汉语言中的语言意义，还要重视其文化意义，以达到“信达雅”的要求。

第一节　文化的概念特征

一、文化是后天习得的

人类具有动物属性，因此很多动物的本能人类也拥有。婴儿即使没有父母照顾，他也会因本能的反应，做一些正常的生理活动，如吃、喝、拉、撒、睡、哭、笑等，但他的这些行为都是不受控制的、随意的，他需要通过后天的学习来明晰。这就是人们出生后最早接触并要学习的文化。很多基本需求是人与生俱来的，一些来自本能的需求，一些来自于社会交际中生成和规范自我言行的需求，而后天的学习是满足这些需求和规范人们举止的唯一途径，因此学习是文化的最为重要的特征之一。

跨文化交际学的创始人霍尔（Edward T. Hall）曾说：“既然文化是习得的，因此显而易见人们也就应该有能力传授文化。”父母和老师等显然担当了传授者的角色，而不容忽视的是，默默影响和传授文化的还有这个纷繁复杂的社会系统。语言学家霍贝尔（Hoebel）和弗罗斯特（Frost）把学习文化的全部活动或全部过程表述为“conscious or unconscious conditioning occurring within that process whereby the individual，as child and adult，achieves competence in a particular culture”，即“某一特定的文化背景中的社会成员，包括儿童和成人，在其习得能力、增长才干的过程中所进行的有意识和无意识的自我调节”。每种文化的成员自出生后不久便开始学习该文化的行为条例、交往方式和思维模式，直至把它们全部转化为习惯。“Interaction（互动）”“Observation（观察）”和“Imitation

（模仿）”这三种活动以及下意识的学习和有意识的学习这两种方式完成了此过程。前者是通过平常的所见所闻不自觉地学习文化的方式；后者是通过系统的教育活动自觉主动学习文化的方式。互动、观察、模仿是两种方式所共同经历的过程。

应当承认的是，相当一部分文化内容是人们从婴幼儿时期开始在下意识状态下习得的。文化的这种下意识性或者说隐蔽性特征被很多研究者视为看不见的隐身者。很多人都不清楚，他们是从什么事件、在什么场合学到诸如视觉接触、寒暄问候、空间的利用、沉默的运用、偏爱某种处理矛盾的方式而不选择另一种方式等行为或观念的。这类行为方式或观念大多是受特定民族文化的影响，在社会交际中举手投足间不刻意地学习到的。

二、文化具有可传承性并且是借助符号传递的

文化生存的必要条件是：文化要素以及相关信息能够被传授和继承。就像 Brislin 说的那样：“如果某些价值观已存续多年并被认为是社会的核心理念，则这些价值观一定会代代相传下去。”文化自身的可传承需要或价值是文化具有可传承性的首要因素。不管是什么内容和形态的文化，它们皆是某一民族思想的精华和宝库，都具有重要的思想价值和文化意义。换句话说，文化是前人留给后世的期望被认同、被继承、被保护、被实践的有巨大益处的思想、准则和传统。另外，文化拥有可传承的渠道。众所周知，文化不是空中楼阁，相当一部分有其物化的载体，而抽象的思想内容也能够被各种语言或其他载体形式所记载和传承。

文化有两个主要的传承途径：其一是人们的实践活动或口口相传，也就是年轻一代通过交际和学习来继承老一辈的文化传统。实际来讲，是指年轻一代在父辈的口传身授或学校的教育训导下，了解、学习和实践老一代的思想原则、道德规范等。其二是书面语言。几乎所有国家、民族的文化传统都在竹简、纸张等书面记录上，这些载体能够长久保存并较易存放，因此当代的人们才可以翻阅浩繁的史料或典籍，以领会和学习本国和其他国家的辉煌而丰富的文化。

可以看出，文化传递的媒介是符号。以“传递”的视角来看，人类有两种传递媒介：一是语言符号，包括口语和书面语。首先在同一文化之内以及不同文化之间人们依靠着语言符号来沟通；再者由于文化最优质的载体是语言，故而它们充当着所有文化传承不可或缺的重要媒介。自然地，语言符号与其方式在不同文化中会有不同的体现。二是非语言符号，它是指语言以外的种种信息传达形式。典型的非语言符号，包括人们的眼神、姿势、形体动作等，它们包含着特定的意义。但广义上讲，非语言符号还

包括雕像、画作、美术品、照片等以及戏剧、电影、音乐中的表演部分，这是由于它们都可以用一些方式表达某些文化内容，展现特定的价值观、世界观以及文化的其他方面。因此，基于研究和明晰各种文化的种种特征与内涵的考虑，我们应当充分关注语言符号和非语言符号。

三、文化是动态的系统

文化处于不断变化、发展、进步中。莉奈尔·戴维斯（Linell Davis）说："还必须认识到，所有文化都是动态的而非静止的。它们在社会历史事件的冲击之下，通过与其他文化的接触交往而不断地变动着、进化着。行为举止与社会习俗的变化可能发生得较为快速，而基本模式与价值观、世界观以及意义系统方面的变化往往发生得较为缓慢。"

如同世界上的所有事物一般，文化同样会因社会的进步而持续产生变动。历史的变动、时局的变化对存于其中的文化产生不容忽视的作用，文化不得不相应地做出改变。首先，任何民族自身的文化传统都会在其发展的历史的兴替中演化变迁。如"民族文化身份或特征"方面古今差别巨大，以衣着服饰、发式为例，古时中国人都着汉族服饰或其他民族服装，男子留长发或长辫，现在我们绝大多数人会着西式服装，很少一部分人着传统民族服饰，男人也不再留长辫，尽管有越来越多的男子模仿外国人留起披肩长发。但是我们骨子里依旧认定自己是中国人。再者，各个民族文化间的碰撞和交融一定会给其各自原有的文化传统以作用和影响。比如说，日益增多的中国人选择到英美或其他国家定居，他们将中华传统文化带到那里并影响了那里的人们，以至于英美等国的很多人会过中国的传统春节。而很多中国人也越来越喜欢庆祝西方的圣诞节，像情人节等其他西方传统节日同样在中国越来越受追捧。由以上的案例可以看出，世界联系得越来越紧密，文化交流也越来越频繁，各民族传统文化都发生了变化或加入了新内容。

从全局来看，文化处于发展和进步中，但需要我们注意的是，思维模式、行为交往方式、价值取向等文化方面具有一定的稳定性，它们已成为人们的习惯，是不会轻易变化的。Dean Barnlund 曾说："佛教、伊斯兰教、基督教以及儒教的广泛传播并没有使它们所产生的社会完全同质化。其结果通常是反其道而行之：这些社会极力要求这些宗教去适应自己的文化传统。"如，根据美国价值观的相关调查，美国 20 世纪 90 年代的大多数文化价值观，在两百多年间并没有多少改变。请看报纸上刊登的这段报道：

自由恋爱成"荣誉谋杀的牺牲品"

"荣誉谋杀"是盛行在部分阿拉伯国家的一种特殊犯罪方式。一些人以捍卫家族荣誉为名，残忍地杀害自己的亲人。这一罪行已经引起世界舆论的极大争议。然而，“荣誉谋杀”不但没有被遏制，反而有向西方国家发展的趋势。12 月 13 日，英国《泰晤士报》惊曝：父亲指使两个儿子，拆散女儿和心爱的牛津高才生的美好恋情，只因对方和女儿在公开场合拉手亲吻。在得知女儿怀孕后，强迫女儿人工流产；并且，为了捍卫家族的荣誉，愤怒的父亲带领着两个疯狂的儿子背着女儿将高才生杀害，共计捅了 46 刀，直至凶器折断，其残忍程度令人发指。阿里父子被法庭判罪，父亲被判 20 年有期徒刑，而且刑满后还要视其表现再决定是将其释放还是继续服刑。两个儿子分别被判处 16 年和 14 年有期徒刑。牛津高才生的惨死，再次引起了世人对“荣誉谋杀”的重新关注。最近，巴基斯坦政府开始重视“荣誉谋杀”问题，已将这类伤害归为谋杀的议案提交议会。

（2005 年 12 月 14 日《金陵晚报》海外版）

这个案件至少给了我们两点启示：一是在当今世界文明已如此发达的时代，部分阿拉伯国家仍然盛行这种极其落后、野蛮的习俗，而且被认为是家族内的家事，不被认为是犯罪。无独有偶，在中国半个世纪以前的封建、半封建社会盛行家族制度时期，以族长为代表的家族长辈们对所谓违反族规的族人实施严惩，从鞭笞、杖打直到置于死地。那个时候常有不愿依从家长的命令嫁人而逃婚的女孩被“沉箱”而死的事件发生。二是说明各种文化是相对稳定的，许多文化习俗、传统观念包括一些早已落伍的陈规旧俗依旧很顽固。本案中的阿里虽受文化熏陶，但这种残忍的“荣誉谋杀”观念却仍然没有被摒弃。据报载，近十年内，英国就发生了百起“荣誉谋杀”案件，这从反面证明了文化的相对稳定性。

四、文化是各种要素紧密联结的统一体

文化的内涵广博丰富、深奥精微，具有一系列的要素，并将这些要素融为一体而发挥影响力；各要素间联系密切，相互作用和影响，牵一发而动全身。正如霍尔所说：“文化的各个方面是相互联结的——触动其中一处，其他各处就都会受到影响。”如，物质生活观念的改变便能够使家庭规模、职业道德、精神追求等受到影响。当初美国的人权运动所掀起的蝴蝶效应深深影响了全社会，住房模式、种族或性别歧视行为、教育机遇、法律制度、职业机遇甚至互动模式等各个方面都有了相应改变，最终使美国人在行为处事和价值观念上得到改变。

五、文化是以种族或民族为中心的

文化是特定的人群长期在一起生活、劳动、交往的产物，而特定的人

群在特定的地理环境、自然条件下的长期共同生活就会形成一定的思维模式、世界观、价值观、交往方式、行为准则、社会习俗乃至生活方式完全相同的种族或民族。因此，文化的中心是种族民族，换句话说，每个种族或民族都会产生特有的文化，而且其各自的成员也一定因拥有自己的民族文化而自豪。这是自然而然的，并且民族自豪感是具有鼓舞效果的有利因素，但狭隘的种族主义思想却是值得注意的。

种族中心主义或种族/民族优越感，是与跨文化交际直接相关的特征或因素。所谓种族中心主义（Ethnocentrism），是指“对事物的看法的一种术语名称，这种看法将自己所处的人类群体视之为万物的中心，并以此作参照衡量和评价其他群体。”

从本质上讲，种族优越感膨胀到一定程度导致了极端的种族中心主义，它是将本民族视为比其他民族都要优质、甚至藐视其他民族的民族沙文主义。此类思想或情绪使得民族间的交流有了障碍，给各民族、各国家的合作、相处等带来消极影响，严重时还可能爆发冲突或战争，给人民带来巨大灾难。希特勒便是极端种族中心主义的典型案例。他认为日耳曼民族是世界上最优秀的民族，其他民族都是劣等民族，所以要一个接一个诛灭，犹太人和吉普赛人便是首先灭族的对象，继而又开始对付俄罗斯等其他民族，屠杀了无数人。第二次世界大战虽然以反法西斯的胜利而落幕，但丧失了数千万人的生命，人类文明也因此倒退。当代的地区冲突甚至局部战争大都是源于这种极端种族中心主义观念。世界上很多地区的分裂主义，也是极端种族中心主义的一种体现。日本右翼势力拒不承认第二次世界大战中的种种罪行，甚至置受侵害国家人民的情感于不顾悍然篡改历史、参拜靖国神社，同样表现了其极端种族中心主义作思想。而在欧洲等国的光头党、新纳粹党之类的极端组织所实施的处于排外心理的恐怖活动则是极端种族中心主义的另一种典型表现了。所以，我们应当坚决与这种有害的极端种族中心主义作斗争。

第二节　文化的构成及种类

一、文化的定义与分类

文化是一个很宽泛的概念，对于什么是文化，有很多定义和划分方法，在这里先从这个词的来源谈起。

英语和法语中文化（culture）一词，来源于拉丁文 cultura，原义是

"耕作、培养、教育"。culture在物质活动方面的含义意味着耕作，在精神修养方面则涉及宗教崇拜，这是西方文化概念的基本含义。近代科技的进步，特别是文艺复兴、地理大发现和宗教改革的推动，对各种文化的区分，对文化内涵和外延的研究，使人们对文化产生了强烈的兴趣，便有了新的含义附加在"文化"上，成为被专门探讨的一门学问。

"文化"在汉语中早已存在。"文"原来指的是各色交错的纹理，包涵纹饰、文章之义。《说文解字》称："文，错画也，象交文。"这是指各种象征符号以及文物典章、礼仪制度等。"化"原指交易、生成、造化，所谓"万物化生"（《易·系辞下》），引申为改造、教化、培育等意义。文与化连用，最早似出于《周易·负势》："观乎天文、以察时变；观乎人文，以化成天下。"这里的"天文"，是指自然天体的构成及其规律；"人文"当指人类社会的构成及其规律，包括文明礼仪、人伦道德。而"人文"与"化成天下"相结合，实际已具备了"以文教化"的"文化"一词的基本含义，也就是以人伦教化的方式让人们自觉行动。

现代文化可分为广义和狭义。广义的文化，又称为"大文化"，其关注的重点是人与自然的本质区别，其观点为凡人类有意识地作用于自然界和人类社会的一切活动及其结果，都属于文化。换句话说，文化即"人化自然"，是人类发挥其主观能动性，把人的智慧、创造性、感情注入自然使自然成为被人所理解和利用的对象。人化自然的进行表示人类站在了自然之上，超越自然而进入改造自然的历史进程之中，所以说，文化蕴含着人类独特的生活方式。人的一切活动本质上都具有文化的性质。简言之，文化即"人化"，是人类改造自然和社会而逐步实现自身价值观念的过程。

二、文化的构成要素

不同的文化有各自的特色，表现出了文化的差异，这些差异表现在人们行为方式、处事方式的不同上。但其根源却是不同，民族认识世界方式的不同，导致了各自文化中许多重要观念的不同，如价值观、时间观和空间观等。因此，要认识中、西方文化的差异，就必须追根溯源，理解中、西方思维特征的不同。

为了清楚地分析文化的内容，我们还要了解文化的结构要素以及各要素之间的关系，使我们在文化这座琳琅满目的大殿堂中不为表面现象所迷惑。文化的要素包括价值观、意义体系、习俗规范和物质文化。

这里有一个小故事：有三个人，分别是中国人、印度人和美国人，他们一同观看一个大瀑布，他们都觉得很惊讶但却有不同的感想。中国人感叹说："多么壮观的景色呀!"印度人对瀑布非常敬畏，说："神的力量真大呀!”美国人则比较实际，他说：“多么可惜的能源呀！这里本可以建立一座大型发电站的。”

这三人的不同感叹表现了三种不同的价值观念。中国人信奉无神论，所以以自然美的视角来观赏瀑布；印度人信仰宗教，故首先联想到的是强大的神的力量；而美国人注重实用，他在意的是瀑布所蕴含的经济价值，彰显了美国商业社会的价值特点。

价值观是一个社会或群体中的人们所共有的对于区分事物的好与坏、对与错、符合或违背人的愿望、可行与不可行的观念。它是决定该社会或群体的理想和目标的一般的和抽象的观念。上述举例说明了不同社会有不同的价值观。但在同一社会或群体中，价值观的基本倾向并没有大的偏差。

价值观是抽象的，人们日常所见的文化现象大多表现为规范。社会学家把对人们的特定情况下应该怎样行动，思想和感受的期待叫作规范。规范是具体化、外在化的价值观，是标准化的行为模式。

规范和价值观是两个既紧密联系又有区别的概念。规范是特殊的、具体的、受特定条件限制的，价值观是一般的、抽象的，而且常常是判断规范的尺度。比如，集体主义是我们社会中一个重要的价值观，受这种价值观的影响，我们的学校就规定学生从小要服从集体的意志，参加集体劳动、一起上操、按时熄灯等。老师也常用“没有集体观念”这样的评语批评那些爱独自行动的学生。美国是一个注重个人价值的国家，美国人很少把自己的孩子送到幼儿园里去，学生迟到早退，上课睡觉、吃东西、来回走动也是被允许的行为，学校很少有硬性规定的集体一致化的活动。

各种规范有不同的社会重要性。有些规范被触犯后不会有严重的后果。比如，有人深更半夜在公共楼里大吵大闹或放音乐跳舞，这种行为违犯了人们约定俗成的深夜保持宁静的规范，但这种规范没有很强的约束力，违犯者不能受到强有力的制裁。社会学家把这类规范叫作“社会习俗”或“社会性习惯”。

在莎士比亚的著名悲剧《罗密欧与朱丽叶》中，主人翁罗密欧和朱丽叶以爱情至上的价值观进行行为选择，而双方的家人则是从家族的利益应高于爱情的幻想的价值观行事。最后，各方没有达成妥协和让步，使故事结局成为悲剧。但悲剧总不能成为生活的主流，尽管它直到今天还可能发生。围绕婚姻事件而形成的大多是各方价值观力量互相妥协的“喜剧”。我们在电影或生活中常可以看到这样的场面。在一个婚宴的场合，尽管新娘或新郎悲伤、哭泣，但仍不损伤整个场面的气氛，人们仍在举杯庆贺，庆贺他们喜结良缘。判断一桩婚姻是否是“良缘”的标准往往不是两人之间有没有感情，而是它是否符合门当户对、郎才女貌的原则。

除了像婚丧嫁娶这样围绕着人生重要事件形成的社会习俗外，还有一些主要的社会习俗是围绕人们的生产活动和四季循环的转折时期的节日文化。如我国的春节、中秋节、端午节和清明节等，这种以明确的日期为标志的节日规范表现了人们对时间的不同认识。处于不同地理环境的不同民族根据自己的生产实践过程把时间划分为不同的阶段。如我国人民把春节看作一年之始，而在西方，新旧之交在元旦。

传统节日反映了一个民族的自然价值观，即对自然循环的认识。古埃及人根据尼罗河泛滥的周期确定他们的生产周期。在中国，有二十四节气，人们正是借助于节日才在这无限的时间之中感觉到光阴的流逝。另外，有些传统节日也反映了一个民族的精神观念。在具有宗教传统的西方社会和阿拉伯国家，许多节日的确定都带有宗教意义。在中国，无神论传统和天人合一的哲学思想使我们的节日文化表现为对自然的崇尚。

总而言之，社会习俗是集中体现的群体规范，它最能反映文化的核心——价值观。还有一类必须遵守的社会规范叫“道德态度”。

在大多数文明社会或群体中，涉及道德态度的行为一般都与人的生命、物质财产和婚姻关系有关。几乎所有的文明社会都对在非战争条件下危害他人的生命安全的行为实行严厉的制裁，因为这类行为是以极端的行为损害他人生命来满足自己的欲望。保护其成员的人身安全是一个社会和群体存在和发展的最基本的条件，正所谓“人命关天”，因此，“不许杀人”几乎成了所有文明社会最起码的道德准则。

人类进入私有制社会以来，财富被当作最高福利而受到赞美和崇敬。私有财产被神圣化，成为人类社会的最高目的。由此而产生的道德态度成了保护私有财产的规范，侵犯他人财产安全的行为要受到严厉制裁。小偷在大多数社会中都被看作不道德的人，而不问其行窃原因如何。在伊斯兰教义中，对盗窃罪要处以切断窃物者之手的刑罚。

除了人的生命和财产之外，涉及道德态度更敏感的是有关男女两性关系的处理方式、敛取财富的合法形式、扶养老人的义务和责任以及朋友之间的忠诚和信任等。

法律是由国家或其他具有绝对权力的机构制定的行为准则。法律通常也是道德态度，因为二者都是人们必须严格遵守的、限制人们侵犯他人或公共利益的行为规范。违背了法律和道德态度，都会产生恶劣的社会影响。法律是具体的、特殊的，与之相对的，道德态度则是抽象的和一般的。

总之，社会规范是根据人们不同的行为范畴分为不同的层次。角色规范指导着人们日常生活中的自我行为选择；社会习俗指导着人的群体行为，促使人们形成群体的认同感和团结感；道德态度约束着人们在自己与别人利益产生矛盾时的行为举止；而法律则严格限制着人与人在冲突关系中的过激行为。在多种规范体系下，社会成员的多数行为才会置于可控的利于整个社会发展的范围中。

人们对每一种事物几乎都形成了模式化的认识或判断标准，这个标准体系就是人类的文化。当你走在街上，映入眼帘的都是指导我们行动的选择符号，如红绿灯、人行道、斑马线、自行车道、机动车道的标识都在告诉我们该怎样行动，甚至所有商店的招牌和广告都在召唤着我们。久而久之，没有了这些文化符号我们反倒觉得无法行动，不知所措。

人的价值观需要依附于某种物质形态上，它不具有直接可保存性，这样才能超越时间，长期地再现自己。符号是表达和记录文化的必要手段。而语言作为文化的凝聚体，是一种最普通、最重要的符号。语言是所有文化创造的重要支撑力量，它保存了文化的沉淀。它覆盖了一个民族的所有劳动成果和生活阅历，记录着民族的历史，彰显了民族的风尚，透露了民族的文化心态，蕴含着民族的思维方式。民族语言包藏着一个民族的文化特点及其在社会生活各方面的民族心理、审美和价值观念。

第三节　文化与语言的关系

语言和文化联系甚密。语言是一种社会文化现象，是社会文化发展的产物。社会文化环境是所有语言生存发展所必需的。社会文化又反过来限制了使用者的思维方式和表达能力。如雪对生长在寒冷的北极圈里的爱斯基摩人来说是非常重要的，是性命攸关的。所以，爱斯基摩人的语言中，命名了各种雪的形状和环境，有关不同的雪的词汇有 20 多个——地上的雪、石上的雪、堆积的雪、下着的雪……而英语国家中，雪是不受重视的，只有 snow（雪）一词。但英语的语言能力依然可以表达不同类型的雪。英语国家的人并没有表达各种类型雪的特别的社会文化需要，因此才没有那么多雪的词汇。

美国的工业非常发达。美国人日常出行高度依赖汽车，美国英语中关于汽车的词汇多达 26 个，和汽车有关联的词语也有很多。喝酒开车可能会带来交通事故，是社会的威胁因素。因此，美国英语用不同词语表达“醉酒”——pissed，pickled，high，bombed，stoned，drunk，intoxicated，under the influence 等。而爱斯基摩人的语言由于社会文化的不需并无太多的词语来叙述汽车和醉酒。再如，英语中用单词“cousin”来表示亲属关系中自己的同辈，即堂哥、堂弟、堂姐、堂妹；表哥、表弟、表姐、表妹。英语词汇“cousin”可以指代一众成员，这表明某社会成员与这些分布在不同亲属地位中的同辈人都保持相同关系，对他们的社会行为都一样。

但汉语表述亲属关系的称呼却不少，体现出某社会成员与他们每一个人都保持着一种独特的关系。按照中国传统的思维观点，父系的姑表关系要亲于母系的姨表关系。所以，汉语的不同亲属称呼源于社会文化的需要。

总之，语言和文化是相互交融，难解难分的。“语言是文化的一部分，语言是文化的载体”，美国语言与文化委员会的这个观点可谓恰如其分地表达了语言与文化的关系。

第四节　翻译与语言文化的关系

一、翻译是一项跨文化活动

语言与文化之间的密切关系决定了翻译与文化之间的关系也很紧密。翻译是把一种语言转换成另一种语言。可想而知，两种语言的翻译过程中一定会牵涉到两种不同的文化。不同文化之间的沟通是翻译的本质属性。我国著名学者王佐良教授曾指出：“他（翻译工作者）处理的是个别词，他面对的则是两大片文化。”Mary Snell-Hornby也表示，翻译是一种“跨文化的活动”。我们先看一个英译汉的例子。

莎士比亚十四行诗第十八首第一诗节：

Shall I compare thee to a summer's day?
Thou art more lovely and more temperate;
Rough winds do shake the darling buds of May,
And summer's lease hath all too short a date;

译文：

我可否将你比作夏日？
你更可爱，又更温柔；
暴风摇撼五月钟爱的嫩芽，
而夏日的租期太过短暂；
（叶淑霞　编译）

此诗节前两句中“a summer's day”的翻译就是一个文化问题。英国四季之中，冬长春短，而夏天温和明朗，为一年最好的时节。英国夏日好比中国春日一般温暖可人。源于中国对“夏天”炎热的传统观念，有人想过把“summer”译成“春天”，以迎合中国受众的文化概念。纽马克在这一问题上有一段独到的观点：“并非如此，因为（目标语言的）读者理应准确地了解到（源语言文化）英国的夏天是温和惬意的。阅读这首十四行诗时在向读者介绍英国文化的同时也激发读者的想象力。”

下面是一个汉译英的例子。

基于民族文化，中国人在春节等传统节日中偏好吃饺子，但英美人不了解饺子，更无食用习惯。英语中并无与“饺子”相对应的词汇。《汉英词典》将“饺子”译为“dumpling”，并不合适，没有表现出中国文化特点。dumpling 在英语中是指与肉、蔬菜在一起煮或蒸的面团或菜果汤团。汉语中的“饺子”则指一种在沸水中煮熟的“半圆形的、有馅儿的面食”。所以说 dumpling 与饺子意义并不相同。更重要的在于吃饺子是中国人的文化习俗。电影《白毛女》中的杨白劳在被人逼债，生活非常贫困的情况下，也要用攒下的钱买面与亲人一块吃饺子。所以，中国人团圆美满的象征便是吃饺子，这也是一种美好的祝愿。翻译家们在这种丰富的文化寓意下把“饺子”音译为“Jiaozi”。而今英美人已经明晰了饺子及其文化寓意，而且将其收录为英语的一个外来词。

由上述观点及其实例应当明白，我们一定要用文化渗透于翻译之中。翻译不但要求将意义准确地转换，更重要的是文化上的对等。

二、词语的社会文化意义

社会的发展促进了语言的形成。不同社会政治制度、文化背景和历史发展时期都会在语言上留下难以磨灭的痕迹。

语言表达含义的单位便是词，它表现了某时期的社会文化，形成了不同语言文化之间词意的差异。文化翻译就是以社会文化的视角研究不同语言文化之间词的含义，寻找翻译的途径。

（一）一些译语词仅表达了所对应原语词的部分文化信息

例 1-4-1：

《汉英词典》中“社会科学”被译为“social sciences”。许多人认为这个译法没有什么问题，汉语的“社会科学”正好与英语的“social sciences”相对应。然而，这种译法和这种认识都是站不住脚的。汉语“社会科学”与“自然科学”相提并论，而英语中把 natural sciences（自然科学）、social sciences（社会科学）和 humanity（人类学）三门学科相提并论。由此可见，汉语“社会科学”的概念包括英语的 social sciences 和 humanity。所以，把“社会科学”译成“social sciences”不妥，应译为 social sciences and humanity。

例 1-4-2：

我们的教育方针是培养有社会主义觉悟的有文化的劳动者。

译文：

Our educational policy is to train cultured laborers with socialist consciousness.

汉语中“劳动者”指从事体力劳动和脑力劳动的人。“体力劳动者”包括工人、农民等。“脑力劳动者”包括教师、医生、科学家、工程师、政府公务员等。但英语 laborer 意思是“劳工、苦力”（man who performs heavy unskilled work）（《现代高级英汉双解辞典》）仅指体力劳动者，只是汉语“劳动者”的部分含义。实际上，英语“worker”一词包括体力和脑力劳动者。因此，上面这句话应译为：

Our educational policy is to train cultured workers with socialist consciousness.

例 1-4-3：

英语 politics 的汉语对应词是“政治”。这似乎无可挑剔。但细究起来，两个词之间有一定的社会文化差异。《现代汉语词典》对“政治”的解释是：“阶级、政党、社会团体和个人在国内及国际关系方面的活动。在阶级社会中政治就是阶级关系和阶级斗争。”而英语 politics 仅指“政治信念或政治学”。这里不难看出，汉语“政治”比英语 politics 的含义要广泛得多。译者在翻译中应充分注意这一差异。

（二）译语词与原语词表达不同的文化信息

例 1-4-4：

He launched an attack on the use of propaganda to intimate the population。

译文：

他对于使用宣传来恐吓民众的做法大加攻击。

显然，propaganda 在这里是一个贬义词，含有“虚假、撒谎、欺骗”等文化意义。汉语“宣传”则是褒义词，意思是“对群众说明解释，使群众相信并跟着行动”。因此，英语 propaganda 与汉语“宣传”的文化意义不能等同。鉴于这种差异，翻译中可用中性词 publicity 表达汉语“宣传”的意思。例如：“宣传党的方针政策”可译为 to publicize the Party’s general and specific policies。

例 1-4-5：

资产阶级自由化译为 bourgeois liberalization。

在汉语中，“资产阶级自由化”一词是在特定的社会背景下产生的，有强烈的社会文化意义，指一种政治思潮，目的是推翻社会主义，走资本主义道路。而英语 bourgeois liberalization 的社会文化意义是指一种政治思想，有积极和进步的作用。可见，汉语资产阶级自由化和 bourgeois liberalization 的社会文化含义截然不同。对于这种差异，可以用增译的手法予以补偿。“资产阶级自由化”可译为 bourgeois liberalization aiming at capitalist restoration。

例 1-4-6：

She has always been an idealist. So you can understand why she turned down a good job offer to work among refugee immigrants and low-income groups after she got her degree in social studies.

译文：

她一向追求自己的理想。因此，可以理解，她得到社会学学位后，拒绝了一份很不错的工作，却到逃难来美国的移民中和低收入阶层中去工作。

这段话中，“她”是一个“理想主义者”或“追求理想的人”。然而，汉语中用“唯心主义”来表达 idealist。事实上，汉语中把“唯心主义”与“唯物主义”相对立，前者是受到批评的一种观念。如果不注意这一社会文化差异，就会出现错译。

通过以上译例可以看出，词语的翻译要着眼于两种语言文化之间的差异，采用增译或意译的方法表达其社会文化意义。

三、“不折腾”英译争议及翻译

“不折腾”是一句北方方言。在 2008 年 12 月 30 日国新办新闻发布会上，有记者再度问及“不折腾”时，现场翻译干脆用汉语拼音直译为“BU ZHE TENG”。然而，这个翻译在社会上和翻译界引起了极大的争议，有许多人也尝试另一些译法。我们认为，“不折腾”直译为“BU ZHE TENG”，还有后来其他各种翻译是否确切地表达其含义，是一个值得商榷的问题。

（一）BU ZHE TENG（拼音直译——不折腾）

这是 2008 年 12 月 30 日国务院新闻办发布会上的现场翻译。

这是“不折腾”目前最有影响的翻译，因为出现在官方的新闻发布会上，因这种说法具有权威性。译员采用了拼音直译的方法。有人认为：“‘不折腾’直译英语一直是人们始料未及的，既事先没有英语权威人物去作什么考证，也没有什么机构作出学术鉴定，完全是现场翻译的‘急中生智’。然而，事情就这么巧妙，一句‘不折腾’直译却获得了广泛认同。”其实不然，“不折腾”的临场拼音直译不是“急中生智”，只能是“临时抱佛脚”，需要认真考虑。

首先，根据翻译理论和原则，翻译是通过把一种语言转换成另一种语言，如实地转达原文（原话）的意思和风格，使语言不通的人能够相互沟通、理解。胡锦涛同志所讲的“不折腾”寓意极其深刻，具有重大的社会文化意义。“不折腾”的直译外国人根本听不懂，很难让译入语读者（外国人）理解其深邃的内涵，起不到翻译沟通交流的目的，这样就失去了翻译的意义。

其次，“不折腾”的翻译不符合音译法的基本原则。音译法通常适用于将原语文化中一些特有的、在译入语中“空白”或“空缺”的物像词语，即具有不可译性的事物性名词移植到译入语中去，例如，炕（kang）、叩头（kowtow）等。而在“不折腾”一句中，“折腾”是一个动词，英语中有相应的词语（turn from side to side，toss about，toss and turn，do something over and over 或 make trouble 等），还有“不”是否定副词，英语中并非“空白”或“空缺”，完全可以用 not，no，never 或 don't 来翻译，直接音译为“bu”实在没有必要，是十分不恰当的，也没有任何理论和实践依据。如果说 turn from side to side 或 make trouble 等词语在这里不能很好地表达“折腾”的意义，需要拼音直译“折腾”，将“不折腾”翻译成“Don't zhe-teng”（佚名译）更符合音译法的原则。

（二）avoid self-inflicted setbacks（避免人为造成的倒退）

中国驻纳米比亚大使任小萍对“不折腾”含义的解读是完全正确的，她采用了意译的方法，译文“avoid self-inflicted setbacks”比“不折腾”的拼音直译有可取之处，外国人起码可以听明白其中某些意思。但是，要说是“准确精彩表意恰当”，还值得进一步探讨。“avoid self-inflicted setbacks”倒译成中文是“避免人为造成的倒退”，与原文“不折腾”的表意还是有差别，只能说是意义相近。

从语句角度分析，“不折腾”是个否定句，任小萍大使没有用否定句式，而用 avoid 将其转换成了肯定句。原语“不动摇、不懈怠、不折腾”构成排比句，“三不”连用读起来如此铿锵有节奏。如果将第三个句子

“不折腾”转换成了肯定句，那么前两个句子“不动摇、不懈怠”是译成用肯定句还是否定句，要不要三个句式保持一致呢，这些都是应该认真反复推敲的问题。有人将“不动摇、不懈怠、不折腾”译成三个相应的英语否定句，“Don't waver, don't relent, and don't do much ado about nothing”（高志凯译）。相比之下，“不折腾”译成否定句应该说更妥当一些，符合句子的逻辑关系。

从词语角度讲，任小萍大使感觉到 self-inflicted、setbacks 用得“比较恰当”，原因是：

“Self-inflicted” has the connotation of creating the unnecessary pain for one self.

折腾 in Hu's speech has a strong connotation that such kind of setback is self-seeking instead of being due to the interference from outside.

“Setback” is a much better word than “trouble”, which an unseasoned translator would like to use in the first instance. “Setback” especially refers to the obstacle or difficulty encountered in achieving a strategic goal.

实际上，self-inflicted、setbacks 这两个词语在英语中的使用频率都不很高，特别是 setbacks 与 trouble 相比，trouble 的使用频率比较高，普遍为外国和中国读者所熟悉。因此，将“不折腾”译成“no trouble-making”（北京大学季羡林译），就显得简洁明了，更加容易被读者所理解和接受。其原因是，无论在哪种语言中，简单易懂是言语使用的普遍原则，因为人们使用语言时通常有一种惰性。

（三）其他翻译

don't flip flop　别翻来倒去，朝三暮四

don't get sidetracked　别走岔路

don't sway back and forth　别反复

avoid futile actions 不做无用功

concentrate on what are supposed to do 专心做该做的事情

stop making trouble and wasting time 停止捣乱浪费时间

act blindly/foolishly　盲目行动

take rash action 草率行事

no dithering 不踌躇

no major changes 没有重大变化

no self-consuming political movements 不搞自我消耗的政治

以上的几种译文中，只有 no self-consuming political movements（佚名译）意思比较贴近原文，其他译文均没有反映出“不折腾”的含义。

（四）“不折腾”的翻译尝试

我们从翻译的角度来考量“不折腾”的译法。“不折腾”所含信息量大，寓意深刻，不能简单使用拼音直译法，而应该采用意译加注释的方法，以便使译入语读者（外国人）能够理解其意思。同时，译文应采用否定句式，与前面两个“不动摇、不懈怠”形成连续否定，在逻辑上保持一致。

综上所述，我们在其他翻译的基础上尝试将“不折腾”译为以下两种，供大家参考和讨论。

（1）Don't make trouble like the Culture Revolution in China

（不动摇、不懈怠、不折腾 don't hesitate，don't be content，and don't～）

（2）no self-consuming political movements like the Culture Revolution in China

（不动摇、不懈怠、不折腾 no faith-wavering，no effort-relaxation，no～）

四、颜色词的文化含义及翻译

颜色词是指语言中用来描述事物颜色的词。汉语的基本颜色词有：赤（red）、橙（orange）、黄（yellow）、绿（green）、青（black）、蓝（blue）、紫（purple）。英语中有九个词表示基本颜色，它们分别是：red（红色）、white（白色）、black（黑色）、green（绿色）、yellow（黄色）、blue（蓝色）、purple（紫色）、grey（灰色）和 brown（棕色）。汉语与英语的颜色词并不多，但文化传统、历史积淀、环境的差异导致同一种颜色在各民族的联想有一些相同，一些却截然不同。所以，译者在涉及颜色词的翻译时，要参考这些差异的内容，合理地处理这些问题。

（一）颜色词的译法

第一，虽然汉英两个民族对同一颜色的联想有差异，但是为了保持原文的风格和民族文化特色，不妨采取直译。这里我们用一个实例来说明这个问题。

英国人霍克斯在翻译《红楼梦》时对汉语的“红色”进行了变通处理。

例 1-4-7：

贾宝玉神游太虚境，警幻仙曲演红楼梦。

译文：

Jia Baoyu visits the Land of Illusion;

And the fairy Disenchantment performs the "Dream of Golden Days".

例 1-4-8：

贾宝玉品茶栊翠庵，刘姥姥醉卧怡红院。

译文：

Jia Baoyu tastes some superior tea at Green Bower Hermitage;

Grannie Liu samples the sleeping accommodation at Green Delights.

这里霍克斯把“红楼梦”译为“Dream of Golden Days”（金黄色日子的梦），“怡红院”译为“Green Delights”（绿色的庭院）。译者之所以这样译主要是考虑到中国人和英美人对颜色的联想不同。汉语文化中，红色表示喜庆、幸福和吉祥如意。而在以英语为母语的英美人眼中，绿色和金黄色具有类似的联想意义，红色则意味着流血、恐怖和危险。因此，译者把汉语的“红色”处理成英语的 green（绿色）或 golden（金黄色）以利于读者的理解和接受。然而，这种译法有失汉语文化特色，没有能够向英美读者介绍汉语“红色”的文化意义。

从文化的角度来讲，翻译应再现原语文化信息。颜色的翻译也不例外。《红楼梦》中的“红色”不妨直译成 red，使英美读者了解红色在汉语文化中的意义，杨宪益翻译的《红楼梦》就采用了直译的方法，得到翻译界的认可。

第二，同一颜色在汉英两种语言文化中引起的联想趋同，可采取直译的方法。例如，黑色（black）在汉英两种语言中都表示暗淡、非法、坏的意义。

例如：

black list 黑名单

black market 黑市交易

黑死病 black death

黑心的 black hearted

第三，汉语和英语都有许多词组含有颜色词。在这种情况，千万不要照字面直译，而应根据两种语言的不同表达法，意译其内涵。

例如：

红茶 black tea

红糖 brown sugar

红尘 the world of mortals；human society

black mail 敲诈；勒索；敲诈或勒索之款

black coffee 不加牛奶的咖啡（通常很浓）

（二）颜色词的文化含义及翻译

1. **红色** red

汉语里的红色蕴含着欢快、热闹、喜庆等的意义。例如，中式婚礼中新娘着红装，头顶红盖头，节日对联呈红色，红色也时常联系着成功和胜利，如“开门红”“走红运”“满堂红”等。相反，英语里的 red 预示着战争、流血、恐怖，常用以表示愤怒和犯罪。

例如：

red-handed 正在犯罪的，现行犯的

red rag 激起愤怒强烈感情之物

make sb. to see red 使某人发怒，生气（源于西班牙斗牛时，斗牛士用红布来引逗牛发怒）

red flag 红旗（危险的信号，开战旗），激发愤怒的东西

red light 红灯（危险的信号）

a red battle 血战

red ruin 战祸

英语中 red 也可理解为喜庆、充满活力、热烈等。

例如：

Red-letter（指一天）月份牌上印红字的（如圣徒之节日或其他节日）

in the red 健康，强壮

red-blooded 精力旺盛的

a red-carpet reception 热烈欢迎（地上铺红毯以示敬意）

红色还可表示欠债。

例如：

in the red 负有债务

get out of the red 不再亏空，获利

下面是“红色”汉英互译实例。

（1）汉译英

①别跟他再闹了，再闹，他可要眼红了。

译文：Don’t tease him any more or he’ll see red in a minute.

②一朝春尽红颜老，花落人亡两不知。（曹雪芹《红楼梦》）

译文：The day that spring takes wing and beauty fades，who will care for the fallen blossom or dead maid?

（2）英译汉

①He was the first European head of state to visit their country, and they rolled out the red carpet for him.

译文：他是第一个访问该国的欧洲首脑，他们用隆重的礼仪来欢迎他。

②He is a man of much red blood.

译文：他是个生气勃勃的人。

③The red tape in government offices should be done away with.

译文：废除政府机关中的官僚习气。

2. **白色** white

汉语里的白色常涉及死亡、丧事，蕴含着不幸、不吉利和悲伤之意。人们在葬礼上穿白色孝服，前往吊唁的人胸戴白花，表示哀悼。而英语里的 white 却有着天壤之别，它象征着温暖、纯良、幸福等。在英美国家的婚礼上，新娘穿白色礼服，披白色婚纱，以表示新娘的纯洁和新婚夫妻爱情的纯洁和忠贞。

White 在英语里也有公正、高尚以及虚弱、胆怯等意义，和汉语的“白色”没有关系或关联较少，这是翻译时所应当注意的问题。

例如：

mark one's name white again 洗清污名，雪耻

white man 高尚的人，有教养的人

white-handed 正直的，廉洁的

white lie 无恶意的谎言（尤指客气时所说的）

white sheep 坏人中的善人

white light 公正无私的裁判

white witch 做善事的女巫

white-lipped 嘴唇发白的，（尤指）吓得嘴唇发白的

white-livered 怯懦的，胆小的

white coffee 加牛奶的咖啡

white elephant 昂贵而无用之物

white war 不流血的战争

white room 极为清洁的房间（如手术室）

white moments of life 人生得意之时，人生交运之时

to stand in a white sheet 当众忏悔

同样，在汉译时，应当注意有“白”字的汉语词语，其中“白”字与

颜色无关。

例如：

白费事 all in vain，a waste of time and energy

白开水 plain boiled water

白肉 plain boiled pork

白菜 Chinese cabbage

白痴 idiot

白字 wrongly written or mispronounced character

白手起家 build up from nothing；start from scratch

白面书生 pale-faced scholar

3. **黑色** black

汉语和英语里的黑色有大致相同的联想意义。

黑色寓意着哀伤。西方人在葬礼上穿黑色服装。在我国，参加葬礼的人也在袖子上戴黑纱，以示为死者的离世感到悲伤。

黑色同时是邪恶之色。汉语和英语的很多词语和黑色相关联，含有“坏的”“阴险”“可恶”之意。

例如：

black sheep 败家子，害群之马

things looks black 事态险恶

a black future 暗淡的前途

a black lie 不可饶恕的谎言

black Friday 黑色星期五

black mist 黑雾（指财政界的贪污腐化，营私舞弊）

Black Hand 黑手党（黑社会组织）

另外，英语中 black 还表示盈利、自然的黑肤色、文学流派等。

be in the black（公司等）有盈利

a black mayor 黑人市长

black humor 黑色幽默（包括怪诞，恐怖）

black comedy 黑色喜剧（以荒诞病态和夸张的幽默手法表现对现实世界失望的一种戏剧流派，有时也指恐怖内容）

汉语中一些含有“黑色”的词语和英语中一些含有 black 的词语与颜色毫无关系或关系甚少。

例如：

（1）汉译英

①揭穿黑幕

译文：tell the inside story of a plot

②广场是黑压压地挤满了人。

译文：The square was thronged with a dense crowd.

(2) 英译汉

①They put down the speech in black and white.

译文：他们把演讲稿印出来了。(black and white 书写品；印刷品)

②It would be a black day for this country if everyone else takes the same hopeless attitude as you do.

译文：如果人人都像你那样不求上进，这个国家就完了。

4. **绿色** green

绿色是大自然赋予的生命之色。在汉英两种语言文化中，绿色是生机盎然、青春、和平的象征。

例如：

(1) 汉译英

群山绿油油的，真美丽。

译文：The mountains were beautifully green.

(2) 英译汉

in the green mood 青春旺盛的年代

Green Peace 绿色和平组织

英语中还常用 green 表示没有经验、不成熟或嫉妒等。

例如：

①A typist who is green at her job

译文：没有经验的打字员

②He is still green.

译文：他仍未成熟。(他是一个小毛头。)

③These tomatoes are still too green to pick.

译文：这些番茄还未成熟，不能摘采。

④green with envy

译文：十分嫉妒

下面是英语中含有 green 的词语：

greenback 美元纸币，美钞（因票面为绿色而得名）

greengrocer 蔬菜水果店老板，菜贩

greenhorn 易受骗的人，不懂人情世故的人

greenhouse 温室

greenfingers 无艺术能力（本事）

green corn 嫩玉米

a green Christmas 没有下雪的圣诞节

green wound 未愈合的伤口

5. **黄色** yellow

黄色在中国人的意识里意味着尊贵。位于黄河两岸的河南、陕西和山西等地是中华民族的发源地，这里的土地呈黄色，因此黄色被视为代表天德之美，被尊为帝王之色。我们所称的“黄帝”便是以尊色作谥号的。“黄袍加身”是指被部属拥立为帝。而英语中的 yellow 的含义与汉语黄色有不同之处，尤其在美国俚语中 yellow 含有胆小卑怯之意。

例如：

a yellow dog（美）可鄙的人，卑鄙的人

a yellow livered（美）胆小鬼

但是，汉语中的黄色与英语中的 yellow 同有“低级庸俗”“色情”“淫秽”之意。

例如：

黄色电影　pornographic movie；sex film

黄色书刊　pornographic books and periodicals

yellow journalism 黄色新闻（指一种黄色新闻的编辑作风，即不择手段地夸张、渲染以招揽和影响读者的一种新闻编辑作风）

另外，英语中 yellow 可用来作为组织或事物的特定颜色。

例如：

Yellow Book 黄皮书（法国政府的报告书）

yellow page 黄页电话查号簿（指按不同行业分类的电话号码簿，用黄纸印刷）

6. **蓝色** blue

蓝色是天空之色，海洋之色。通常海军的军服为蓝色。人们常用蓝色象征海军。

英语的 blue 是一个很活跃的颜色词。英译汉时应注意其内在含义。

blue 含有“沮丧”“忧郁”“（脸色等）发青的，没有血色的”等意思。

例如：

I am feeling rather blue. 我觉得有些沮丧。

look blue 闷闷不乐，（形势）不佳

be in a blue mood 或 have blues　情绪低沉；没精打采

things look blue 形势不妙；事不称心

to feel blue about the prospect 对前途感到悲观

Her hands were blue with cold. 她的两只手冻得发青。

blue 还可用来表示社会地位高、有权势或出身名门望族等。如 blue blood（贵族血统，出身名门）。英语中还有 blue book（蓝皮书），一指国会、政府报告书（封皮为蓝色），二指名人录。

blue 在英语中也可以理解为下流、黄色等意思。

例如：

blue talk 下流言论

blue films 黄色电影

blue revolution 性解放

make a blue joke 开下流的玩笑

The woman made the air blue here and there. 那个妇女到处骂街。

另外，blue 所构成的词组的含义，如：

drink till all's blue 大醉，一醉方休

be blue in the face（因大怒或过分费力）弄得脸上突然变色

once in a blue moon 极为稀罕，千载难逢（地）

out of the blue 出其不意地，意想不到地，如晴天霹雳

7. **紫色** purple

与汉语中的黄色一样，紫色在英语中为尊贵之色，象征着显贵和权力。

例如：

be born in the purple 出生于帝王之家，生于显贵之家

the purple（昔日帝王显贵穿的）紫袍，王位，高位

raised to the purple 升为红衣主教

marry into the purple 嫁到显贵人家

其他颜色词汉英两种语言文化中也可以引起某种联想，这里不再一一赘述。总而言之，颜色词的象征意义与各民族社会、历史、生活和文化密切相关。译者在翻译时要根据语言环境，把握颜色词的文化含义，切勿望文生义。

五、典故的文化背景及翻译

（一）典故及其来源

据《辞海》解释，典故是“诗文中引用的古代故事和有历史出处的词

语”。邓炎昌和刘润清合著的《语言与文化》中写道：“几乎所有的人在说话和写作时都引用历史、传说、文学或宗教中的人物或事件。这些人物或事件就是典故。”概括起来，凡在口头语和书面语中引用的古代故事、历史人物、历史事件和有历史出处的词语都属于典故的范畴。汉语的“守株待兔”“说曹操，曹操到”“情人眼里出西施”等熟语中有典故。英语的 Lazaras、Gordian knot、Odyssey 等词都有其历史渊源。下面是典故的主要来源：

1. 大量的典故来自文学作品

汉语典故大多出自《红楼梦》《水浒传》《三国演义》《西游记》等名著的人物和事件。例如“像刘姥姥进了大观园”“智多星”“三顾茅庐”“白骨精”“猪八戒倒打一耙”等。英语中相当一部分典故出自莎士比亚、狄更斯等著名作家的作品。

例如：

a Romeo（罗密欧）指英俊、多情、潇洒，对女人有一套的青年——莎士比亚戏剧《罗密欧与朱丽叶》中的男主人公。

a Cleopatra（克娄巴特拉）指绝代佳人——莎士比亚戏剧《安东尼和克娄巴特拉》中的人物。

Shangri-La（香格里拉）源出 James Hilton 的小说 *Lost Horizon*，是虚构的喜马拉雅山山谷里的名称。20 世纪 40 年代，罗斯福曾把美国总统在弗吉尼亚州的一个山间别墅命名为 Shangri-La。现在该词已成为“世外桃源”“理想乐园”（an imaginary，idyllic utopia or hidden paradise）的同义词。

2. 历史故事和传说是典故的又一个主要来源

许多汉语典故出自历史故事、寓言和民间传说。例如：“完璧归赵”“四面楚歌”“黔驴技穷”“刻舟求剑”“八仙过海，各显神通”等。一些英语典故源于神话故事。

例如：

A Damocles sword（达摩克利斯之剑）用来表示时刻存在的、迫在眉睫的危险，出自希腊的一个历史传说。

Achilles，heel（阿基里斯的脚踵）用来比喻一个人或一个国家存在的致命弱点，出自古希腊神话。

Prometheus（普罗米修斯之火）现借喻赋予生命活力所不可缺少的条件，也用来赞颂为崇高理想而燃起的心灵之火，出自希腊神话。

3. 许多典故来源于宗教

汉语与佛教有关的典故有“佛口蛇心”“急来抱佛脚”“当一天和尚撞一天钟”“道高一尺，魔高一丈”“人不为己，天诛地灭”等。基督教是英语国家里的主要宗教，很多典故出自基督教《圣经》的人物和事件。据统计，《圣经》中仅收入辞典的典故就达七百多条。例如：Solomon（所罗门），比喻非凡的智慧，出自《圣经》的传说。

由上述典故能够看出，典故产生于民族文化的环境之下，是社会遗产沉淀所形成的文化。所有的典故的后面都有其生动的历史故事，蕴含着厚重的文化内容。典故带有浓郁的民族气息，颇具文化特色和内涵，翻译时不太容易准确优雅地表达出来。

我们认为，典故的翻译应从文化入手，弄清典故的历史文化背景和丰富的内涵，注意文化之间的差异，采取灵活恰当的翻译方法，使原语典故的文化信息得以充分再现。

（二）英语典故的翻译

（1）Mr. Vargas Llosa has asked the government “not to be the Trojan horse that allow the idealism into Peru”.

译文：凡格斯·珞萨王请求政府“不要充当把理想主义的思潮引入秘鲁的特洛伊木马”。

Trojan horse（特洛伊木马）来源于古希腊传说。古希腊人攻打特洛伊城时，在木马中暗藏士兵，特洛伊人将木马收入城里，夜晚伏兵跳出木马，作为内应，合力攻下了此城。依据此传说，英语中常用“特洛伊木马”比喻“内部颠覆者；内部颠覆集团；起内部破坏作用的因素”。由于这一典故已为汉语读者所熟悉，英译汉时不妨直译。

（2）Many took to gambling and got in over their heeds，borrowing from Shylocks to pay their debts.

译文：许多人沉湎于赌博，他们债台高筑，不得不向高利贷者借钱还债。

Shylock（夏洛克）是莎士比亚戏剧《威尼斯商人》中的一个人物。Shylock 作为典故比喻那些贪得无厌的高利贷者。在这译例中，译者用意译的手法表达了 Shylock 这一典故的喻义。

（3）Smith often Uncle Tommed his boss.

译文：史密斯常对老板阿谀奉承。

Uncle Tom（汤姆叔叔）是美国女作家斯陀（Harriet Beacher Stowe）的长篇小说《汤姆叔叔的小屋》（Uncle Tom’s Cabin）中的主人公，早在

20 世纪初用来喻指“逆来顺受的黑人”“对白人卑躬屈节的人”。20 世纪 60 年代 Uncle Tom 转化为动词，意思是“逆来顺受”“阿谀奉承”。这个典故只能意译。

下面是一些常见的英语典故及含义，供翻译时参考。

（1）Odyssey 奥德赛

源出古希腊诗人荷马写的一部英雄史诗，比喻一段漫长而艰难的经历。

（2）Don Quixote 堂吉诃德

源出西班牙作家塞万提斯（Cervants）所著小说 Don Quixote（《堂吉诃德》），Don Quixote 是书中主人公，可译为“堂吉诃德式的人，充满了幻想的理想主义者，狂热而侠义的人”。

（3）Ishmael 以实玛利

基督教《圣经》中的人物，被其父 Abraham（亚伯拉罕）摒弃，比喻被社会摒弃的人。

（4）Faust 浮士德

欧洲中世纪传说中的人物，为获得知识和权力，向魔鬼出卖自己的灵魂。现常用 Faustian Spirit 指一种为获得知识可牺牲一切的精神。

（5）Gordian knot 戈尔迪结

源出希腊神话，含义为“难解的结；难办的事，棘手问题”。cut the Gordian knot 以斩钉截铁手段解决困难问题，快刀斩乱麻。

（6）Noah’s ark 诺亚方舟

基督教《圣经》中诺亚方舟是为避难而造的方形大船。英语中常用“诺亚方舟”来指代“避难所”。

（7）Babbitt 巴比特

美国小说家辛克莱·刘易斯（Sinclair Lewis）所著同名小说中的主人公，指“典型的当代美国资产阶级实业家；典型的市侩”。

（8）Micawber 米考伯

源自英国作家狄更斯（Dickens）的小说 David Copperfield（《大卫·科波菲尔》）中的人物。此人充满幻想，总希望有朝一日时来运转，后喻指“幻想突然走运的乐天派”。

（9）Gatsby 盖茨比

源出美国作家司各特·菲茨杰拉尔德（Scott Fitzgerald）在 20 世纪 20 年代所著小说 The Great Gatsby（《了不起的盖茨比》），Gatsby 是书中的主人公，是个由穷军官暴发致富的人物。Gatsby 现用来指“个人奋斗由穷变富的暴发户”。

（三）汉语成语典故的翻译

“汉语成语是中华民族优秀的文化遗产，是人们喜闻乐见的语言表达形式，既生动形象，又言简意赅，有着很强的表现力和感染力。汉语成语从狭义讲是指四个字组成的词组，如卧薪尝胆、道听途说、老马识途等。但从广义上讲，凡是具有特定含义的定型词组，已经约定俗成，被书面语所接受的，就是成语。不管它原是熟语、谚语、歇后语还是政治口号、科学术语……只要进入书面作为成语运用的，一律总称为成语。”（史式《汉语成语研究》）这里所说的汉语成语典故指成语源出历史故事、传说、寓言或含有历史人物或事件。这些带有中国文化背景的成语在翻译中是一个十分棘手的问题。下面我们探讨一下汉语成语典故的翻译。

1. 有些汉语成语典故可照字面意思直译，再现典故的文化意义

（1）四字成语直译实例：

①从古以来，只有“杞人忧天”，就是那个河南人怕天塌下来。（《毛泽东选集》）

译文：From time immemorial no one but “the man of Chi worried lest the sky fall”, meaning that only one man from Henan was afraid it might happen.

②嘴里天天说“唤起民众”，民众起来了又害怕的要死，这和叶公好龙有什么两样。（《毛泽东选集》）

译文：To talk about “arousing the masses of the people” day in and day out and then to be scared to death when the masses do rise——what difference is there between this and Lord Ye’s love of dragons?

③嘴上还咯咯地笑着说：“这叫画饼充饥。”（梁斌《红旗谱》）

译文：Now he chuckled and commented: “That’s called ‘Drawing a cake to satisfy your hunger’”.

这种四字成语典故可直译的还有：

亡羊补牢 to mend the fold after a sheep is lost

南辕北辙 to go south by driving one’s chariot north

削足适履 to whittle down (or cut) the feet to fit the shoes

缘木求鱼 to climb up a tree to look for fish

有的放矢 to shoot the arrow at a target

雪中送炭 to offer fuel in snowy weather

（2）其他成语典故直译实例：

①他们口里的宪政，不过是“挂羊头卖狗肉”。（《毛泽东选集》）

译文：Their talk of constitutional government is only "selling dogmeat under the label of a sheep's head".

②匡超人听了这话，慌忙作揖，磕下头去，说道："晚生真乃有眼不识泰山。"（吴敬梓《儒林外史》）

译文：When Kuang Chao-ren heard this，he made haste to bow. "Although I have eyes"，he exclaimed，"I have failed to see Mount Tai!"

③鹬蚌相持，渔人得利。（《毛泽东选集》）

译文：If a snip and a clam are locked in fight，it is to the advantage of the fisherman.

④"咱们俩的事，一条绳拴着两蚂蚱，谁也跑不了！"（老舍《骆驼祥子》）

译文："We're like two grasshoppers tied to one cord：neither can get away!"

⑤"朱斌这个人就是狗咬耗子多管闲事！"（吴强《红日》）

译文："Chu Pin! He's like a dog worrying a mouse，can't mind his own business!"

2. 有些汉语成语典故可采取意译的方法，道出典故的文化内涵

例 1-4-9：

（1）助桀为虐 help a tyrant to do evil

（2）"……高鼻子'助桀为虐'，真可恨！"蒋翊武咬紧牙关，狠狠地哼了一声。（李六如《六十年变迁》）

译文：

Chiang Ye-wu swore between his clenched teeth："... Those foreign devils are really a hateful crowd，adding bad to worse!"

桀是我国夏朝末年的暴君。这个成语用暴虐无道的国君为比喻，意思是"帮助坏人干坏事"。上面的两个译文准确地表达了其含义。

例 1-4-10：

宝玉忙道："……只是这姑娘可好，你们大爷怎么就中意了？"香菱笑道："一则是天缘，二来是'情人眼里出西施'。"（曹雪芹《红楼梦》七九回）

译文：

"What's the girl like? How did he come to take a fancy to he?"

"It's partly fate，and partly a case of 'Beauty is in the eye of the beholder.'"（Yang Xianyi and Gladys Yang 译）

其他可意译的典故：

四面楚歌
(1) be besieged on all sides
(2) be utterly isolated
(3) be in desperate strain
初出茅庐
(1) at the beginning of one's career
(2) young and inexperienced
罄竹难书 (of crimes) too many to record
借刀杀人
(1) make use of one person to get rid of another
(2) kill sb. by another's hand
倾城倾国　be exceedingly beautiful
悬梁刺股　be extremely hard-working in one's study
风声鹤唳　be seized with imaginary fears

3. 许多汉语成语典故可借用英语成语，译文读者同样可得到原语典故的文化信息

例如：
破釜沉舟　burn one's boats
汉语"破釜沉舟"出自《史记·项羽本纪》："项羽乃悉引兵渡河，皆沉船破釜甑，烧庐舍，持三日粮，以示士卒必死，无一还心。"
burn one's boats 是古代西方军事上采用的措施之一。据说，古时候，从海路入侵外国的将军，到达彼岸后将其船只烧毁，以断了士兵的退路。朱力斯·凯撒是使用这种办法的将军之一。
由此可见，burn one's boats 与"破釜沉舟"形义巧合，出典相同，可以借用。
例如：
只要大胆地破釜沉舟地跟他们拼，还许有翻身的那一天！（曹禺《红日》）
译文：
All you can do is to burn your boats and fight them in hope that one day you'll come out on top.
类似的例子还有：
画蛇添足　paint the lily
趁热打铁　strike while the iron is hot

火上浇油 add fuel to the flames

火中取栗 pull sb's chestnuts out of the fire

浑水摸鱼 fish in troubled waters

过河拆桥 kick down the ladder

爱屋及乌 Love me，love my dog

英雄识英雄 Like knows like

耳边风 in one ear and out the other

船到桥头自然直 You will cross the bridge when you come to it

说曹操，曹操到 Talk of the devil，and he's sure to appear

骑虎难下 hold a wolf by the ears

无风不起浪 There is no smoke without a fire

三思而后行 Look before you leap

小巫见大巫 The moon is not seen when the sun shines

拾到篮里都是菜 All is fish that come to the net

4. 一些汉语成语可根据上下文采取不同译法，体现了灵活性原则

例如：

（1）你不是听过这句俗话吗？一个和尚挑水吃，两个和尚抬水吃，三个和尚没水吃。（艾芜《百炼成钢》）

Didn't you ever hear the saying? A lone monk brings his own bucket of water to drink，two monks carry their bucket of water jointly，but when three monks are together，there is no water at all.

这里译者直译了这个俗语。下面是这个俗语其他译法：

①Everybody's business is nobody's business.

②There's a Chinese saying about monks fetching water：One monk，two buckets；two monks，one bucket；three monks，no bucket，no water—more hands，less work done.

③Two is company，three is misery.

④Too many cooks spoil the broth.

⑤One boy is a boy，two boys half a boy，three boys no boy.

⑥One monk carries two buckets of water on a pole，two monks carry one bucket between them，three monks have no drinking water—a satirical warning against dependence and responsibilities.

（2）守株待兔 stand by a stump waiting for more hares to come dash themselves against it—trust to chance and windfall

下面两例一用直译，一用意译。

例 1-4-11：

冰如说他自己也不知道，不过特殊的机会总会到来吧，遇到了机会，就可以把先前的意旨一点儿一点儿展布开来。这样，他采取“守株待兔”的态度，还是当他的乡董。（叶圣陶《倪焕之》）

译文：Ping-ju replied that he was well aware that such was the case; but special opportunities must surely eventually present themselves, and whenever they did he could advance his original purpose another step. Accordingly, having adopted this attitude of “watching the stump and waiting for a hare,” he continued with his councilorship.（A. C. Barnes 译）

例 1-4-12：

否则，袖手旁观，守株待兔，就变成了长期不抗不战了。（姚仲明《同志，你走错了路》）

译文：Otherwise, standing by with folded arms and waiting for gains without pains will prove to be nothing but long-term nonresistance.（A. M. Condron 译）

第二章　中国与西方世界文化的对比

中西传统文化的不同体现在生活的各个方面，对人们交际行为的影响也是非常深刻的，如果不能充分掌握中西方文化间的差异，往往会使自己处于尴尬境地。本章就针对这几方面的问题展开论述。

第一节　生活习俗方面的对比

一、从“打招呼”看中西方习俗文化差异

习俗文化一般是某一地域的人们在生活交往的过程中逐渐形成的一种社会风俗习惯，且这种习惯受不同地域的影响，差距是十分显著的。例如，中西方的人在打招呼的方式上，用语差别就十分显著。

对于中国人来说，“吃了吗”是打招呼的常用语。据说，一位青年导游带了一个外国旅游团到农村去参观访问。在一个农民家中，一位老大爷见到外宾的第一句话是：“你吃了没有?”导游一下子愣住了，不知怎么译才算好。如果把它转述成“Have you eaten or not?”国外游人一定会感觉不知所云。对于第一次见面的问候语，“How do you do?”才是最适合的。

在这个例子中，“你吃了吗?”和“How do you do?”反映出中国人和英语国家人打招呼的方式不同。对于中国人来说，见面打招呼的常用语基本为“您这是要去哪儿啊?”“您这是要做什么啊?”“吃饭了没?”在含义上也没有什么特殊的意义，更没有窥探隐私或想获得什么其他信息的意思，仅仅是单纯的邻里间的寒暄，出于礼貌而打招呼的一种表现方式。然而，这几句话在西方文化中有着不同的意义。“你去哪儿?”（Where are you going?）和“你要干什么?”（What are you going to do?）对英美人来说纯属个人的私事，这样打招呼会被误以为你想要窥探人家的隐私，是极其不礼貌的行为。而“你吃过饭了吗?”的问话，会让对方认为是你想请他（她）吃饭的意思。所以，对于中文、英文之间的话语翻译，不能像正常的翻译那样直接进行，而是应该根据当时的环境和场合，做文化信息之间的转变，使问候表达恰当、适宜。例如，在和国外客人打招呼的时候，

可以用英语常用语问候："Hello!""How are you?""Good morning (afternoon, evening)!"等。

通过这个简单的例子，我们可以看出，习俗文化差异造成了翻译中的困难。像上面这种例子，不论在口译还是笔译中都是屡见不鲜的。所以，当人们在进行语言翻译的时候，应该对目标语国家的文化有一定的了解，对文化信息进行相应的替换，避免因文化差异而产生误解，从而实现有效的交流。

二、中西方亲属称谓对比与翻译

在中西方的任何一个国家中，称谓都是对该国家文化习俗的一个体现，也是文化组成中的重要部分。称谓包括亲属之间的和社会上的两种，揭示的是人与人之间的社会关系。拿亲属称谓来说，不同的语言对同一概念的使用场合和使用范围相差很远，即使是最简单的语言，在没有语境的前提下，也是很难被正确理解或翻译的。对于汉语称谓来说，对兄弟姐妹的表述是十分清楚且明确的，但在英语中，却很难明确分出 sister 和 brother。

再如：

Being commanded by her sister to get "the Dictionary" from the cupboard, Miss Jemina had extracted two copies of the book from the receptacle in question.

译文：

做姐姐的命令吉玛小姐到柜子里取词典，她却从里面抽出了两本。

原文的 sister 究竟是姐姐还是妹妹不很清楚，译者根据上下文将其译成"姐姐"。

同样，汉译英也存在这个问题。Peter Farb 在"How to Talk About the World"一文中举例如下：

Or imagine the difficulty of translating into English a Chinese story in which a character identified as a 'piaomei' appears. The obligatory categories to which this word belongs require that it tell whether it refers to a male or a female, whether the character is older or younger than the speaker, and whether the character belongs to the family of the speaker's father or mother. 'Piaomei' therefore can be translated into English only by the unwieldy statement "a female cousin on my mother's side and younger than myself." Of course, the translator might simply establish these facts about the character the first time she appears and thereafter render the word as "cousin", but that would ignore the significance in Chinese culture of the repetition of these obligatory categories.

这里讨论了把汉语"表妹"译成英语 cousin 的问题。Peter Farb 认为这种对译的方法失去了中国习俗文化的特色。英语 cousin 不分父系、母系，不分性别、年龄，包括了堂哥、堂弟、堂姐、堂妹、表哥、表弟、表姐、表妹一系列汉语称谓。因此，汉译英时作必要的英语解释才能表达出汉语称谓的文化内涵。

（一）英汉亲属称谓系统比较

从上面两个译例可以看出，英语亲属称谓简单、笼统，而汉语亲属称谓详细、具体。英语亲属称谓和汉语亲属称谓分属两个不同的系统——类分式（Classificatory）和叙述式（Descriptive）。

英语亲属类分式的制度特点是以辈分分类为主，以主要五种血缘联系为主：父母、子女、祖父母、孙儿孙女、兄弟姐妹。在这五种等级中，有自己的明确称谓的有：父母、子女、祖父母、孙儿孙女，兄弟姐妹，此外的其他亲属称谓没有具体的。

我国的亲属称谓制度以叙述式分类为主，该种分类系统是从我国几千年的亲族文化中传承的、以"九族五服制"[1] 为基础发展而来的，这种亲属系统十分庞大，主要有血缘维系的血亲系统及配偶系统，还有因婚姻架起的姻亲系统及其配偶。基于这种庞大的亲属系统，称谓也就随之变得详细明确了。在我国的这种亲属分类中，不仅父系亲族和母系亲族有了严格的区分，就连直系亲族、旁系血亲也进行了区分。

在我国古代，古制不重直系旁系之分，父之兄弟称谓从父，母之姊妹称谓从母，从父又有伯父、叔父之称。核心词仍是"父"和"母"。

汉族亲属称谓总结如图 2-1-1、图 2-1-2、图 2-1-3、图 2-1-4 所示。

---

[1] 九族五服制：九族以本人为基准，垂直向上推直系长辈四代，向下推直系晚辈四代，及其由直系血亲发展起来的旁系血亲。五服是旧时丧服制度的五个等级。按亲属中辈分的亲疏远近，分斩衰、齐衰、大功、小功、缌麻五种名称。凡同族中的近亲，统称五服的亲属。五服之外，就不再视为亲属。

（1）父系

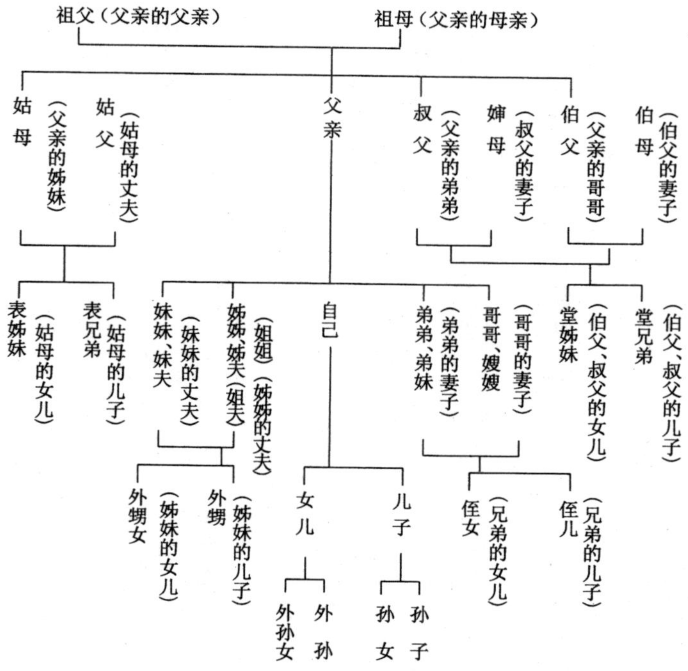

图 2-1-1　父系亲属称谓

（2）母系

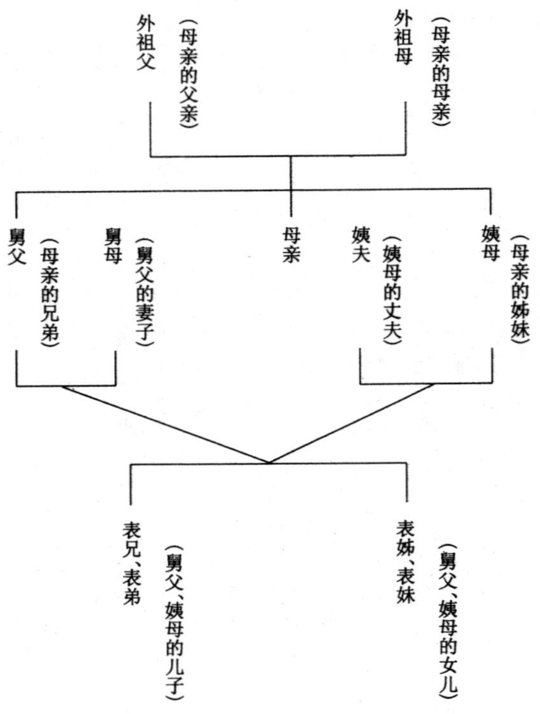

图 2-1-2　母系亲属称谓

（3）夫妻系

（甲）夫系：

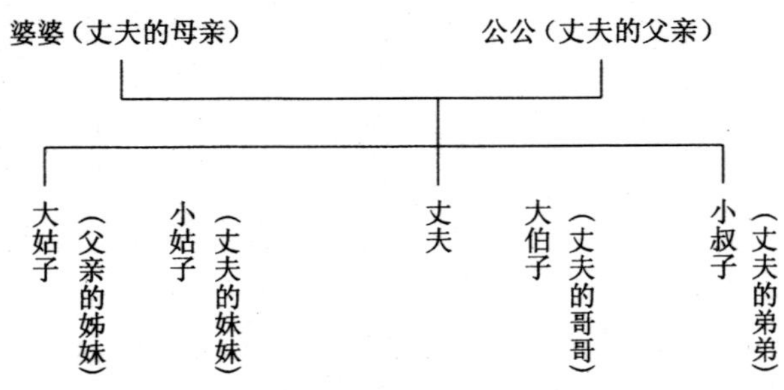

图 2-1-3　夫系亲属称谓

（乙）妻系：

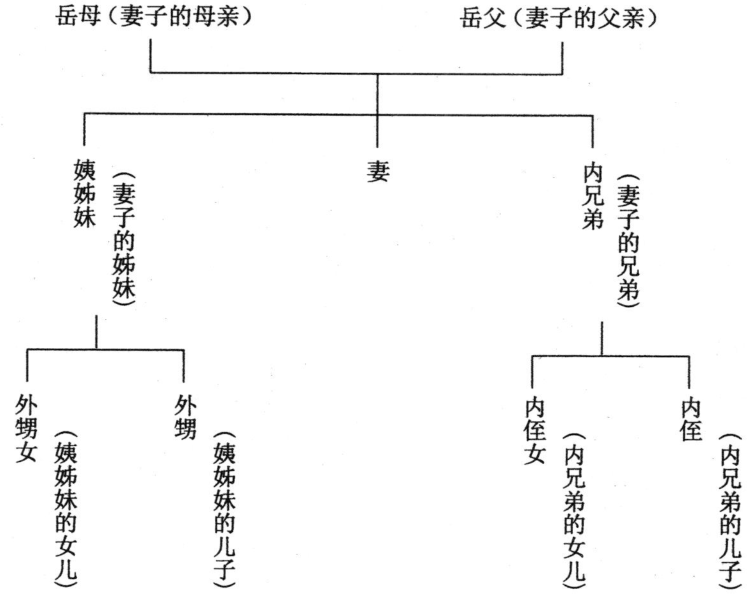

图 2-1-4　妻系亲属称谓

注：①姨姊妹，口语称大姨子、小姨子；②内兄弟，口语称大舅子、小舅子；③岳父称丈人；岳母又称丈母娘。

（二）亲属称谓英汉对照

1. 祖父母辈

表 2-1-1　祖父母辈亲属称谓英汉对照

汉语称谓		英语称谓	英语注释
父系	祖父（母）	grandfather grandmother	paternal grandfather (mother)
母系	外祖父（母）		maternal grandfather (mother)

续表

<table>
<tr><th colspan="2">汉语称谓</th><th colspan="2">英语称谓</th><th colspan="2">英语注释</th></tr>
<tr><td rowspan="3">父系</td><td>伯祖父（母）</td><td rowspan="5">granduncle grandaunt</td><td rowspan="3">paternal granduncle (aunt)</td><td rowspan="2">grandfather's brother</td><td>older brother</td></tr>
<tr><td>叔祖父（母）</td><td>younger brother</td></tr>
<tr><td>姑公（婆）</td><td colspan="2">grandfather's sister husband of grandfather's sister</td></tr>
<tr><td rowspan="2">母系</td><td>舅公（婆）</td><td rowspan="2">maternal granduncle (aunt)</td><td colspan="2">grandmother's brother wife of grandmother's sister</td></tr>
<tr><td>姨公（婆）</td><td colspan="2">grandmother's brother husband of grandmother's husband</td></tr>
</table>

例如：

黛玉方进入房时，只见两个人搀着一位鬓发如银的老母迎上来，黛玉便知是她外祖母。

(《红楼梦》第三回)

译文：

As Tai-yu entered, a silver-haired old lady supported by two maids advanced to her. She know that this must be her grandmother.

（杨宪益译）

“外祖母”是“母亲的母亲”，译成英语是 grandmother，不分父系还是母系。

2. 父母辈

表 2-1-2　祖父母辈亲属称谓英汉对照

<table>
<tr><th colspan="2">汉语称谓</th><th>英语称谓</th><th colspan="3">英语注释</th></tr>
<tr><td colspan="2">父亲</td><td>father</td><td colspan="3" rowspan="2"></td></tr>
<tr><td colspan="2">母亲</td><td>mother</td></tr>
<tr><td rowspan="3">父系</td><td>伯父（母）</td><td rowspan="5">uncle
aunt</td><td rowspan="3">paternal uncle (aunt)</td><td rowspan="2">father's brother</td><td>older brother</td></tr>
<tr><td>叔父（母）</td><td>younger brother</td></tr>
<tr><td>姑母（父）</td><td colspan="2">father's sister and her husband</td></tr>
<tr><td rowspan="2">母系</td><td>舅父母</td><td rowspan="2">maternal uncle (aunt)</td><td colspan="2">mother's brother wife of mother's brother</td></tr>
<tr><td>姨父母</td><td colspan="2">mother's sister husband of mother's sister</td></tr>
</table>

续表

汉语称谓		英语称谓	英语注释
夫妻	岳父	father-in-law	wife' s father
	公公		husband' s father
	岳母	mother-in-law	wife' s mother
	婆婆		husband' s mother

例如：

当下贾母一一指与黛玉："这是你大舅母；这是你二舅母……"

（《红楼梦》第三回）

译文：

"This," she said, "is your elder uncle's wife. This is your second uncle's wife..."

（杨宪益译）

译文没有直接用英语称 aunt，而转述成"你大（二）舅的妻子"，指称关系很清楚。

3. 兄弟辈

表 2-1-3　祖父母辈亲属称谓英汉对照

汉语称谓	英语称谓	英语注释
兄	brother	elder brother
弟		younger brother
姐	sister	elder sister
妹		younger sister
姐夫	brother-in-law	husband of one's elder sister
妹夫		husband of one's younger sister
内兄（妻兄）		wife's elder brother
内弟（妻弟）		wife's younger brother

续表

汉语称谓	英语称谓	英语注释
姨子	sister-in-law	wife's sister
嫂子		wife of one's younger brother
弟媳		wife of one's elder brother
堂兄	cousin	elder son of one's father's brother
堂弟		younger son of one's father's brother
堂姐		elder daughter of one's father's brother
堂妹		younger daughter of one's father's brother
表兄		elder son of one's father's sister or mother's brother
表弟		younger son of one's father's sister or mother's brother
表姐		elder daughter of one's father's sister or mother's brother
表妹		younger daughter of one's father's sister or mother's brother

例如：

黛玉虽不识，也曾听见母亲说过，大舅贾赦之子贾琏，娶的就是二舅母王氏之内侄女，自幼假充男儿教养的，学名王熙凤。黛玉忙赔笑见礼，以“嫂”呼之。

（《红楼梦》第三回）

Though Tai-yu had never met her, she knew from her mother that Chia Lien, the son of her first uncle Chia Sheh, had married the niece of the Lady Wang, her second uncle's wife. She had been educated like a boy and given the school-room name Hsi-feng. Tai-yu lost no time in greeting her with a smile as “cousin”.

（杨宪益译）

王熙凤是黛玉表兄贾琏之妻（the wife of her elder cousin），与黛玉同辈并属表亲关系。“表嫂”译文用“cousin”清楚表达了王熙凤与黛玉的亲属关系。

4. **子女辈**

表 2-1-4　祖父母辈亲属称谓英汉对照

汉语称谓	英语称谓	英语注释
儿子	son	
儿媳	daughter-in-law	son's wife
女儿	daughter	
女婿	son-in-1aw	daughter's husband
侄子	nephew	brother's son
外甥		sister's son
侄女	niece	brother's daughter
甥女		sister's daughter

例如：

一日到了都中，进入神京，雨村先整了衣冠，带了小童，拿着宗侄的名帖，至荣府的门前投了。彼时贾政已看了妹丈之书，即忙请入相会。

(《红楼梦》第三回)

译文：

In due course they reached the capital and entered the city. Yut- sun spruced himself up and went with his paces to the gate of Jung Mansion. where he handed in his visiting-card on which he had styled himself Chia Cheng's "nephew".

(杨宪益译)

贾雨村为了达到飞黄腾达的目的，高攀贾家，与贾政认了"同宗"，为贾政的"侄子"，但实际上他们之间并没有这层亲属关系，译文把nephew放在引号中表达了贾雨村与贾政之间的虚假关系。

5. **孙子女辈**

表 2-1-5　祖父母辈亲属称谓英汉对照

汉语称谓	英语称谓	英语注释
孙儿	grandson granddaughter	
孙女		
外孙		daughter's son
外孙女		daughter's daughter

续表

汉语称谓	英语称谓	英语注释
（外）孙婿	Grandson-in-law	Granddaughter's husband
（外）孙媳	Granddaughter-in-law	grandson's wife
侄孙	grandnephew	Son of nephew and niece
甥孙		
侄孙女	grandniece	Daughter of nephew and niece
甥孙女		

例如，《红楼梦》第三回的题目为：

托内兄如海荐西宾，接外孙贾母惜孤女

译文：

Lin Ju-hai Recommends a Tutor to His Brother-in-law. The Lady Dowager Sends for Her Motherless Grand-Daughter.

（杨宪益译）

林黛玉是贾母女儿的女儿（daughter's daughter）。英语中“孙女”与“外孙女”同为一词 granddaughter，不分直系和旁系。

三、中西方社会称呼方式的文化差异

社会称呼是人与人在社会关系中称呼对方的一种代名词，它包含社会礼制的内容，同时受伦理习俗和社会制度的影响与制约。在我国历史发展的初期，以封建社会制度为主，同时又对礼仪十分重视，堪称礼仪之邦。而西方与我国社会制度类型截然相反，其崇尚自由、民主，基督教神学盛行，发展繁盛。这两种本质上有着相反的社会文化制度及伦理体系，在长久的历史发展中，逐渐形成了适合于各自的社会称呼。在亲属称谓中，中西方虽然存在细致上的差别，但大体上是类似的，但社会称呼差别十分巨大。在我国，社会称呼十分繁杂，且等级性明显，而西方则与此恰恰相反。在我国当下的社会环境下，虽然社会制度已经发生了变化，但社会称呼中仍有旧习惯的遗痕，仍与西方的社会称呼之间存在有较大差异。

（一）拟亲属称呼

该称呼方式是指在实际上没有亲属关系的人之间以亲属称谓来称呼对方或称呼自己的方式，这是一种历史发展中遗留下来的称呼方式，该称呼方式具有模拟亲属称谓的趋势，因此被称为拟亲属称呼。

从心理学角度出发对其进行分析，认为该称呼是一种“趋近”心理，能够使交往双方缩小心理间隔，密切相互关系，被称呼者感受到尊重、喜爱和礼遇。

（二）拟长辈称呼

这种称呼是人们根据对自己父亲或母亲的称呼而延伸的一种对长辈的称呼，多是没有亲属关系的长辈，所以将这些人一般称为：“大伯、大妈（大娘、伯母）”或“叔叔、婶婶”等。在这些称呼中，核心词是亲属称谓词：伯、叔、妈、娘、母、婶、姨。这里翻译的困难是显然易见的，如“王大叔”译成“Uncle Wang”，这对于英美人来说理解其真正的含义是十分困难的，因为在西方的称谓文化中，对没有亲属关系的人以称呼姓名为主。可见，“王大叔”应按西方称呼习惯译为 Mr. Wang。其他拟亲属称谓照此类推。

（三）拟同辈兄弟姐妹相称

在亲属关系中，同辈人之间的兄弟姐妹称呼是十分亲密的行为，所以，在社会称呼中，那些非亲非故的人之间也会采用这种称呼方式来建立与彼此之间的亲密关系，联系友谊。对于男子来说，通常会称同辈男子为“大哥、老兄”和“兄弟、老弟”，现不论长幼流行统称“大哥、老兄”。同样的，女性在称呼对方时以“姐姐、大嫂”和“妹妹、小妹”等为主。另外，“哥儿们”和“姐儿们”是近几年来在城市男女青年群体开始流行的一种新的拟亲属称呼。这些青年人兴趣爱好相投，关系密切，如李蕾和王芳在大学同窗四年，结下深厚友谊，互称“姐儿们”。在一次联谊会上，她们俩遇到一位外籍教师。李蕾向外教介绍王芳时说成“She is my sister”。这可把外教给弄糊涂了，经询问才了解她们之间的关系。经外教指点她们认识到她们之间用亲属称谓 sister 不妥。按照西方称呼习惯，同辈、同学、同事朋友之间互称姓名，或表明同学、朋友关系。因此，这句介绍的话可译为：This is Wang Fang，my classmate. 或：This is Wang Fang，my close friend.

（四）敬称和谦称

敬称和谦称也是社会关系中人们常用的称呼方式，无论是称呼人还是针对事情。敬称即表示尊敬客气的态度，也叫“尊称”；谦称是指谦虚的自称，中国自古就有重礼节的优良传统，谦辞可表示人们日常交际和书信往来中必不可少的谦虚与尊敬。在我国古代，封建君主专制的存在时间长达几千年，在这个历史阶段中，各个思想大家逐渐建立的自己的思想主旨，其中，儒家以礼制著称，讲究尊卑有序的人文礼仪，这在很长的一段时间内都占据着主导地位。这两种称呼还有不同的特点，前者在使用时一般会抬高对方，用高贵、赞扬等词汇；后者适用于自己的称呼，一般会用甘居人下的词汇，表达贬低自己的词汇。

职务称呼也是现代社会中尊称的一种盛行方式，对于有领导职务的人的称呼，可以称呼如下，如赵校长（President Zhao）、王处长（Section Chief Wang）、程省长（Governor Cheng）、钟大使（Ambassador Zhong）、夏主任（Director Xia）等。尤其是在小范围内的社交圈里，职务称呼是极其盛行的。据报载，某单位贴出了这样的通知：今天下午3点在大会议室由李书记传达中央××同志的讲话。这里中央领导可称呼同志，本单位领导则以职务相称。此外，在称呼上的另外一个问题，人们往往也有趋同的心态，即“以副称正”的形式，举例来说，如果对方是副职，往往在称呼时直接以正值对待，即称“王副科长”为“王科长”，“陈副校长”为“陈校长”等。但在英美等国，他们在称呼时没有这种习惯，所以称呼中的“副”字是不能被抹掉的，在中文翻译成英文的时候，要时刻注意对该字的翻译。

在与他人交往中，人们往往以自称姓名为谦，或以不德或晚辈自谦，常用的词语有：敝、贱、不才、鄙人、愚、下愚，晚生、后学等，译成英语一律用I。

例如：

“下愚当时也曾与他往来数次，再不想此人竟有如是之决绝。”

（《红楼梦》第一百二十回）

译文：

I met him several times, but never dreamed he would take such a decision.

（杨宪益译）

（五）英语称呼的尊称

前文我们已经说过，英语中的尊称比汉语尊称要简单得多。在此，尤其注意对女性的称呼，要严格区分其婚姻状况，对明确了解对方为已婚或未婚女性的情况下，要统称女性为夫人或小姐，但对于婚姻状况不明的女性，可称呼其为小姐。

最后应该指出的是，习俗文化涉及面广，内容庞杂，本章仅就中西方称谓方式的差异进行了简要的分析对比，供参考。

第二节 思维模式的对比

思维方式就是指人们的思维习惯，或者说是思维模式（定式）。在文化理念和社会自然环境不同的背景下，文化自然也就有了很大的区别，在不同的文化理念熏陶下，对客观世界的认识和理解也就有所不同，进而形成了人们思维上的差异，因此，思维的差异又直接导致了思想内容在语言表达形式上的差异。

对于英汉两种语言来说，不仅仅是单纯的语言上的语音、语法等的差异，还在于用语言表达时的思维方式的不同。所以，为了从外在上对两种语言进行把握，从内在上加强语言的处理能力，了解并掌握中西思维的一般形式及其在语言方面的影响，是十分重要的。

一、抽象思维与形象思维

抽象思维与形象思维不同，它不是以人们感觉到或想象到的事物为起点，而是以概念为起点去进行思维，进而再由抽象概念上升到具体概念，只有到了这时，丰富多样、生动具体的事物才得到了再现，“温暖”取代了“冷冰冰”。可见，抽象思维与具体思维是相对而言、相互转换的。只有穿透到事物的背后，暂时撇开偶然的、具体的、繁杂的、零散的事物的表象，在感觉所看不到的地方去抽取事物的本质和共性，形成概念，才具备了进一步推理、判断的条件。没有抽象思维，就没有科学理论和科学研究。然而，抽象思维不能走向极端，而必须与具体思维相结合，由抽象上升到具体。

所谓的形象思维，主要是指人们在认识世界的过程中，对事物表象进行取舍时形成的，是只要用直观形象的表象解决问题的思维方法。形象思维是对形象信息传递的客观形象体系进行感受、储存的基础上，结合主观的认识和情感进行识别（包括审美判断和科学判断等），并用一定的形式、手段和工具（包括文学语言、绘画线条色彩、音响节奏旋律及操作工具等）创造和描述形象（包括艺术形象和科学形象）的一种基本的思维模式。

针对这两种不同的思维模式，具体到某些词汇的使用上面，就可以看出英语通常会用抽象词汇来表达实的含义。举例来说：The absence of intelligence is an indication of satisfactory developments.（=No news is good news.）没有消息就是好消息。

在此例句中出现的抽象名词，absence、intelligence、development，在以形象思维模式为思考习惯的人脑中，会有一种“隐匿”的感觉，显得不通透、不直白，但这些用词在英美人眼里，是正常的、使用恰当的、表达明晰的。

汉语在表达习惯上，恰与英语相反，习惯于用形象词汇表达虚的概念，让人看了有一种“实”“明”“直”“显”“象”的感受。就拿成语“画饼充饥”　“望梅止渴”来说，就是较直接的表达，用里面的“饼”与“饥”，“梅”与“渴”进行形象的表达。

抽象表达在英语国家的科技、法律、报刊、商业文体中是一种普遍的表达方式，同时也将英语的特殊魅力蕴含其中，使其区别于其他语言而被广泛运用。再看汉语，了解汉语的起源与发展过程的人都知道，汉语发源于象形文字，祖先们用文字图形来记录和表达他们对自然事务的认知，通过图形进行一定的联想，并逐渐形成了这样的一种思维形式。

对于汉语形象思维的表达，还有很多的例子可以举证。例如：

far sightedness　　远见卓识

careful consideration　　深思熟虑

perfect harmony　　水乳交融

feed on fancies　　画饼充饥

with great eagerness　　如饥似渴

显而易见，汉语的四字成语，形象栩栩如生，跃然纸上。

二、分析型思维与综合型思维

综合型思维是东方民族特有的思维模式，尤其反映在我国人民的身上，是十分明显的，这种思维模式深受东方哲学思想的影响，影响着东方民族思维的形成和发展。在中国，传统哲学的发展宗旨是人与人、人与自然的和谐平衡，认为天、地、人是一个统一的整体。在中国人的认知中，对“天地与我同根，万物与我一体”的思想是深信不疑的，并视“天人合一”为关系发展的最高境界，受这种认知和思维模式的影响，逐渐形成了汉民族的惯有的思维模式，即从总体的角度观察事物发展的特征，以全局的观点对某一事物进行研究。

在生活中或者工作上，当我们尽力做好一件事情的时候，结果还是会往坏的方向发展，无论怎么努力，都无法改变最终的结果，对于这些不如意的事情，人们往往会说一句听天由命吧，或者用顺其自然来让自己更容易接受这样的结果。往往此时，我们所说的这两个成语“顺其自然”“听天由命”就是对我们的思维模式的一种反映，也反映了我国人民处世的一种哲学态度，这种态度用一个词概括就是“天人合一”。

“天人合一”，“天”代表“道”“真理”“法则”，“天人合一”就是与先天本性相合，回归大道，归根复命。天人合一不仅仅是一种思想，而且是一种状态。“天人合一”哲学构建了中华传统文化的主体，宇宙自然是大天地，人则是一个小天地。人和自然在本质上是相通的，故一切人事均应顺乎自然规律，达到人与自然和谐。

老子说：“人法地，地法天，天法道，道法自然。”在道家来看，天是自然，人是自然的一部分。因此庄子说：“有人，天也；有天，亦天也。”天人本是合一的。但由于人制定了各种典章制度、道德规范，使人丧失了原来的自然本性，变得与自然不协调。人类修行的目的，便是“绝圣弃智”，打碎这些加于人身的藩篱，将人性解放出来，重新复归于自然，达到一种“万物与我为一”的精神境界。

在儒家来看，天是道德观念和原则的本原，人心中天生具有道德原则，这种天人合一乃是一种自然的，但不自觉的合一。但由于人类后天受到各种名利、欲望的蒙蔽，不能发现自己心中的道德原则。人类修行的目的，便是去除外界欲望的蒙蔽，“求其放心”，达到一种自觉地履行道德原则的境界，这就是孔子所说的“七十从心所欲而不逾矩”。

受道家、儒家思想的影响，汉语的发展也逐渐趋同于这两种思想，以中庸为精髓，不以形式为局限，注重意的表达和表现，追求意合的发展结果。此处的“合”指关系，一句话当中可能有若干小句，小句之间的关系可隐可显，如果关系是隐性的，便好似那无缝的天衣，我们称之为“意合”；如果关系是显性的，便会在形式上清晰、严格地表现出来，我们称之为“形合”。对于意合来说，其特征有如下几点：（1）注重词句对仗，讲究对称，音、义、词、语、句成双成对，用词重叠反复，语句多采用对立并联和对偶排比；（2）汉语词汇多同类归并；（3）多对立统一；（4）多虚实相应；（5）先整体后局部；（6）汉语复合词组词顺序体现尊卑观念。

对于汉语句子、词汇之间的联系特点，修辞方式的应用等，以例文进行研究。柳宗元在《小石潭记》里这样描述大自然美景：

从小丘西行百二十步，隔篁竹，闻水声，如鸣佩环，心乐之。伐竹去道，下见小潭，水尤清冽。全石以为底，近岸，卷石底以出，为坻，为堪，为岩。青树翠蔓，蒙络摇缀，参差披拂。

潭中鱼可百许头，皆空游无所依。日光下彻，影布石上。怡然不动，俶而远逝，往来翕动，似与游者相乐。

这两小段由 7 个小句组成，每个小句包含 2～5 个短句，用逗号隔开，多动宾结构，充满动感。描写顺序由远及近，由景及人，人景互动。选用字词与作者心情极为和谐，注重前后呼应，开头和结尾都出现“乐”，开始时听到水流声心里高兴，最后看见潭水里的鱼与人嬉戏，更是乐趣无穷。正如古代学者刘勰所总结的，汉语的特征是“积字成句，积句成章”，体现了我们所说的“意合”倾向，即围绕中心议题以多个短句由逗号连接构成，短句与短句之间靠整个话题维系，有人称之为“流水句”“散点式”。

西方近代哲学是伴随着人类的自我觉醒而形成的，这个时期，人们的思想从宗教的彼岸世界返回了尘世，从而发现了自然，也发现了人自身，开始追求知识，渴望个人自由。15～17 世纪初是西方近代哲学的第一阶段，这一阶段的研究中心是人和自然，形成了人文主义和自然哲学两股互相联系又有一定区别的思潮。人文主义主张以人为中心，一切为了人的利益，反对灵魂不朽之说。

关于人与自然宇宙的关系，中西方哲学对其有着不同的认识，西方哲学认为自然宇宙是人们的认识对象，人类的根本任务就是征服它；还认为人与自然是对立的矛盾统一体。因此，用一个词来总结西方世界的哲学观点就是“神凡两分”。我国著名学者季羡林，青年时曾留学海外，通过在西方国家的学习和生活，对西方的处世哲学思想也有一定的认识和理解，他曾说“天人相分”是西方文化发展的源头，当然，这一论述也是有哲学依据的。

在西方这种哲学思想高度发展的影响下，16～18 世纪的欧洲自然学家认为应该把事物或过程进行分解，使其成为独立的部分，把具体问题一个个剥离开来，不在总体中对问题进行分析，而是以单独的问题为个体进行研究，由此而产生了从整体到部分的分析思维模式。

对于英语的语言表达而言，也遵循着这一思维模式。英语的表达注重形合，形合指句子内部的连接或句子间的连接采用句法手段（syntactic devices）或词汇手段（lexical devices），语句各成分的相互结合常用适当的连接词语或各种语言连接手段，以表示其结构关系，使语法结构更加完整。英语中，表现逻辑关系的连接词（如 and，but，so，however），关系词（如 that，which，what，how，where），介词（如 of，in，on，about）等，特别强调句子成分之间的从属、修饰、平行、对比等关系。而汉语重意合，句中各成分之间或句子之间的结合多依靠语义的贯通，少用连接词，所以句法结构形式短小精悍。同时也没有形态上的变化处理，以实词应用为主，语言与意义直接相联系。在英汉翻译中，当中文译成英文时，要补充代词、连接词或介词等，以使语法结构合理；而英文翻译成中文时，只要意思表达清楚、逻辑清晰即可，其他介词、连词等可省略。

例如：

知己知彼，百战不殆。

You can fight a hundred battles without defeat if you know them enemy as well as yourself.（增加代词、连词）

通过此译例发现，在英语译文中的代词、连词是不能被省略的，因为它们是链接词汇构成完整句子的纽带，使语序按照句法结构排列的必要条件。

三、主客对立与主客合一

在语言表达方面，英语十分注重人与事物之间的关系，尤其是事物对人的影响与作用，需要对主客体进行严格区分。而汉语表达以“人”为主，认为意识动作的发出是人的主观能动作用。对于中英文中的主语，汉语常以有生命的名词为主语，语态表达也以隐含式句式为主，而英语中则以无生命的名词为主语，且主、被动关系表达十分明确，且二者泾渭分明。例如，“任务终于及时完成”这句汉语表达在英文中就要被译成“The task was finally finished in time.”

这两种表达正是英、汉语言对重“物”和重“人”的体现，从而直接导致英、汉的被动语态、主动语态的大量使用。从另一个角度来看，这也体现了思维的主体与客体之间的差异性。例如：

将欲翕之，必固张之；将欲弱之，必固强之；将欲废之，必固兴之。

What is in the end to be shrunk，must first be stretched：

What is to be weakened，must begin by being made strong；

What is to be overthrown，must begin by being set up.

在例句的汉语部分，主语位置空缺，但可以填补上隐含人称，句式均为主动态。而英译文中，主语物化了，语态也相应地变成了被动态。

四、顺向思维和逆向思维

对于不同国家、不同地域的人们来说，对同一事物进行观察的时候，立足的角度和采取的思维方式是大相径庭的，同时语言表达也有所差异。就拿中国人的日常习惯来说，人们出于礼貌，一般在走路、吃饭、做事的时候，通常以对方为先，经常会说“您先”“您请”等。但在英语国家的日常表达中，会说“After you!”由此看来，对于同一内容的表达，英汉的方式是正好相反的。

对时间的表达，中西方的思维也是不一致的，甚至是相反的。对过去和未来两个词汇的表达，英文习惯用 back 和 forward 来表示，而中国人的思维恰与其相反。中国有句诗："前不见古人，后不见来者，念天地之悠悠，独怆然而涕下"。其中的"前""后"分别表达的是"过去"和"未来"。由此来看，中西方人对时间的基准设定有所不同，中国人是以时间上的前（过去）来设定时间的先后的，而英美人则以时间上的未来进行设定时间区间的，所以说，这种思维方式不予以注意，就容易造成翻译的不严谨。

除此之外，观察同一事物的不同视角，也会造成思维顺序上的差别。例如，销售商品做活动时，通常能看到打折信息，这在中英文表达中就有所差别。汉语表达的"九五折"在英语中译成"a five percent discount"，在此中英文表达中，汉语所处的视角是打折后商品实际需要支付的比例，而英语的视角是在原价的基础上所减少的比例，这两种是完全相反的视角。

第三节　世界观与价值观的对比

一、中西世界观比较

（一）世界观的基本内涵

世界观是人们对世界的基本看法和观点，是人对事物的判断的反应；简而言之，就是关于"人类自身以及我们自己是谁""我们周围的世界或宇宙是什么"以及"我们应该如何面对世界和人生"的认识与看法。民族与文化的不同，也会导致世界观的不同。世界观是特定文化下思维模式的产物，同时它又会对特定的文化和思维产生一定的影响，对人们的信仰、价值观、情感与态度取向等有着制约作用。请看一位外国学者的看法：

"每一族群的人从其文明的初始阶段起就已看到发展培育世界观的必要性。感知、文化与世界观之间的联系在胡贝尔和弗罗斯特有关世界观的定义中给予了清楚的表述：'人类根据各人所属的文化的先入之见对于事物被赋予色彩、形状和布局的方式的内在观点见解'。因而世界观影响到我们的感知的各个方面，并因此影响到我们的信仰与价值观体系以及我们的思维方式。"（Samo Var et al.，1995：114）

（二）主要的几种世界观及其主旨

有史以来所存世的世界观五花八门，但现存的最主要的不外乎以下几种。

1. **佛教、道教与儒教**

佛教认为人类要想摆脱人生必有的痛苦就必须放弃一切欲念，信奉“以善为本、善恶有报、生死轮回、投胎转世、清心寡欲、四大皆空、积德行善、仁义待人、为来世和进入天堂而修行”等思想；道教以“道”为最高信仰，道的核心就是阴与阳的关系，追寻一种阴阳平衡，提出道法自然、无为而治的处世理念；儒教以“仁”为核心，崇尚“仁、智、礼、义、信”，主张“有教无类”，提倡克己复礼，行忠孝、守中庸，以和为贵。

2. **基督教原教旨主义**

以《圣经》为核心蓝本，与佛教略微相似，认为“人生充满痛苦，只有天国才是最美好的”“人生不过是在为死后进天国而赎罪”，信仰上帝（天主）创造并主宰世界，希望社会能够按照基督教的价值观以及圣经教义来治理。

3. **伊斯兰教原教旨主义**

相信除安拉之外别无神灵，安拉是宇宙间至高无上的主宰。基本信条是“万物非主，唯有真主，穆罕默德是安拉的使者”，主张每天最少做五次祷告，每年至少到麦加朝圣一次，希望社会能够依据伊斯兰教的价值观以及古兰经教义来治理国家。

4. **西方资本主义**

资本就是财富与权力的象征，文化资本多寡决定财富分配高低；最理想的制度是财产私有制；世界史就是科技不断进步、经济不断发展的历史，而剩余价值的生产是社会不断发展的动力。

5. **以马克思主义学说为代表的共产主义**

富人暴富，穷人日穷。社会两极分化严重，大部分人都过着痛苦的生活，这是由于资源分配的不合理、阶级压迫以及资本剥削。共产主义主张无产阶级和人民大众要通过武装革命来夺取政权，以公有制的形式走社会主义道路，共建大同社会。而近年来中国共产党人所创立的建设有中国特色的社会主义理论体系又进一步发展了马列主义。同样也十分尊崇科技的进步。

6. **绿色组织的环境保护主义**

尊崇回归大自然，致力于保持自然原貌，将维持生态平衡作为主宰和指导人类生活的唯一理念和尺度。所以，极力反对对自然资源的破坏甚至达到一种反对科学进步的极端状态，宁可回归原始人简陋古朴的生活方式。

（三）中国人和以英美为代表的西方人所持有的基本世界观与信仰

不同的民族有着不同的文化，各民族人员构成极其复杂，所形成的世界观也就多种多样。一方面，西方民族众多，文化差异也较大，但是在大部分主要观念上是具有一致性的。在此，我们姑且将他们之间的差异视为零，以英美人为代表，以西方文化所共有的特征来与东方人的典型代表中国人作一番比较。另一方面，对于多民族的国家说来，一个国家内也拥有不同的民族和彼此不同的文化，专家学者称之为“次生文化（Subculture）”；我们在此所指的是某一国家大多数成员长期以来所拥有的、占有主导地位的、主要的或传统的世界观。例如，美国人中有87%的人信奉基督教（Samovar et al.，1995：117），因而基督教便是美国人的基本世界观。

1. 中国人的基本世界观及信仰

中国人传统的世界观与信仰，与佛教、道教以及儒学之间有着十分紧密的关系，尽管佛教思想并非发源于中国，但在一千多年的传播与影响中，早已经融入中华民族的主流文化。现今，中国人则主要以马列主义为指导思想来建设中国特色社会主义。在社会发展的过程中，尽管传统的宗教思想已经慢慢淡化，但其思想仍会与现代思想相结合出现。

一方面，佛教教义认为，人生由于前世的罪孽报应而充满苦难，只有信奉佛祖、一心向善，做到清心寡欲、“四大皆空”，认真修行才能得到佛祖的帮助，修得来世的福报。道教教义则是以阴阳八卦说为核心，认为世间万物皆应保持阴阳平衡，行事讲究中庸，提倡自然简朴、清静无为的处事态度。儒家以“仁”为核心，宣扬“仁、义、礼、智、信”，注重君子的品性修养，强调仁与礼相辅相成，在政治上推崇“仁政”思想，要求人们对自然要心存敬畏，与自然要和谐相处，追求一种“天人合一”的境界。中国人虽然注重当下，却更加看重传统历史文化，尊重祖先留下的思想信仰。

另一方面，当代中国人主要是以马列思想为指导思想来建设中国特色社会主义。其主要原则是坚持生产资料归全体人民所有，奉行公有制等等，其核心是社会主义初级阶段理论，包含“四个坚持”的四项基本原则、改革开放方针以及“三个代表”重要思想。中国人在当今这样一个信息时代，坚持科学技术是第一生产力，以科学技术来推进社会的进步与发展；在环境保护方面，意识到生态平衡的重要性，遵循可持续发展的原则。

2. 以英美为代表的西方人的基本世界观及信仰

以英美为代表的西方人的世界观主要体现在他们传统的宗教信仰中。基督教是西方人的主要信仰，圣经便是他们信奉的教义。除此之外，近代西方人开始信奉资本主义思想。但是，传统的基督教思想并没有完全消失，而是与资本主义相结合，形成一种基督教教义与资本主义思想杂糅的世界观。

一方面，基督教认为人要在世间不断地进行赎罪，在死后才能在耶稣的帮助下被拯救进入天国。进行赎罪的方法就是“要爱一切人”，不停向上帝祷告、忏悔，积极参与募捐与宗教活动等。

另一方面，对资本主义的推崇让人们开始追逐社会财富，尊崇财富的私有制，认为财富应该按照资本进行分配。还推崇人生而平等，每个人都具有相同的权利；对待人与自然，秉持着“人类中心主义”的观念，将人视作宇宙的中心，认为人可以战胜和驾驭自然转而为人类服务。这些世界观让他们充满了开拓、创新的精神，也拥有着追求刺激、爱冒险的活力。他们极其推崇科学，对科学的研究从不间断，以科学手段来促进经济的发展。他们极具发展的眼光，重视当下，关注未来。

中国人与英美人之间的世界观及信仰差异十分明显，许多都是呈现一种相对的状态。这种差异是由于中西方的气候环境、生活方式、文化特色以及思想意识形态完全不同所导致的。但是，随着社会的发展与进步，中西方之间的世界观及信仰逐渐有了不少共通之处，如在环境保护、科技进步以及生产力发展方面有着许多相似的观点，这也体现了中西方文化在发展的过程中不断走向融合。

二、中西价值观比较

价值观的基本内涵及形成

价值观（Values），又被称为价值取向，指的是人们认定事物、辨别是非的一种相对固定的思维评价。它“告诉人们什么行为是社会所期望的，什么行为是社会所唾弃的，应该爱什么，恨什么；什么是美的，什么是好的；什么是丑的，什么是坏的；什么是正常的，什么是荒谬的；什么是正义的，什么是非正义的。”（贾雨新，1998：58）“它规范、制约着整个民族伦理道德的标准、评价事物的尺度、行为处事的准则，乃至人们日常生活的方式。价值观念作为人们价值衡量的标准，指导或规定着人们的价值取向，对人们的观念和行为发挥着潜移默化的规范和指导作用。”（包惠南，2004：25）而且，它是交际文化的重要内容，其涉及范围很广，几乎与社会生活中的方方面面都有关联。

埃塞尔·阿尔伯特说：“价值取向系统也表达了一切人们所预期的、所希望得到的、所要求的以及所禁止的事体。它并非是对于人们实际的行为举止的报告，而是一套据以评断言行和实施惩罚的评价标准。”（Albert，1968：32）

萨莫瓦说：“价值观是社会的方向标，向人们揭示了我们这个社会的文化规范并在很大程度上规定了我们应有的行为方式。它们提供了我们可以就我们与自身、与社会、与自然以及与上帝之间的关系问题做出个人决定的标准。简言之，它们为我们提供了一整套做出选择、减少歧义的规则。价值观也涵盖行为规范的范围，例如它们规定好与坏、是与非的标准，规定什么事该做和什么事不该做、有用的和无用的、适宜的和不适宜的。”（Samovar et al.，1995：83）

人类通过长期与客观世界作斗争，在长期的观察、思索、体验、实践的过程中逐步形成了世界观，即对客观世界的总的看法；以此为基础，人们在长期的生产实践和相互交往中约定俗成了一整套对于世间万物的评价标准以及有关人与人之间相互交往的行为准则、道德规范等，不同的民族、不同的地域就这样形成了各自不同的价值观。

在某些西方学者看来，价值观可以分为三个层次：第一层次指的是那些极其重要、原则性极强的观念，有时甚至需要为此付出鲜血和生命，比如民主、自由、平等、人权、国家主权等观念；第二层次指的是重要性略弱的、不需要付出生命的观念，比如减轻他人痛苦、行善积德、个人奋斗等；第三层次指的是较第二层次更为次要的观念，比如殷勤好客、讲究礼貌、礼尚往来等。（Samovar et al.，1995：36）

价值观主要来自于人们对于事物的思维方式，以世界观为主。民族、文化都不同，价值观肯定也不同。下面仅就基本价值观对以英美为代表的西方文化和中国文化的异同做一番对比。

“集体主义”（Collectivism）与“个人主义”（Individualism）是中西方传统文化下两种不同的概念，对价值观的确立有着深刻的影响，又称“我们文化”（We-culture）和“我文化”（I-culture）。集体主义是以集体为中心，个人利益要服从于集体利益，个人利益必须与集体、国家利益相一致。中国以集体主义为主，注重集体的利益，要先保障集体利益，再保障个人利益。集体主义要求集体发展与个体发展要统一，并且由此生发出中国人对家庭、社会、民族和国家强烈的责任感、义务感和使命感，自觉担负起各种社会职责。例如中国人提倡“家事、国事、天下事，事事关心”，而对“两耳不闻窗外事，一心只读圣贤书”的行为多数人则持否定态度。

这些特点在中国人的生活各个方面都得到体现，让我们看几则广告词：

朋友情谊，贵乎至诚相处，互相支持帮助，互相激励。啊，滴滴香浓，意犹未尽！麦氏咖啡，情浓味更浓。——麦氏咖啡广告

温暖亲情，金龙鱼的大家庭。——金龙鱼

方太，让家的感觉更好。——方太抽油烟机

以上几则广告大都体现了中华民族的传统美德：重情、重义、重礼。给商品赋予了一种人与人之间真挚的情感，使得商品具有深刻的文化底蕴，给消费者带来一种亲切、真诚、可信赖的感觉，同时也增加了商品的好感度。其实，在我们身边，在报纸、杂志、网络等各种大众传媒中，中华民族传统美德融入各种各样的词汇话语中，例如尊老爱幼、大公无私、舍己为人等都在体现着以集体为主的价值观。但是，集体主义并不只有好的一面，也会产生一些缺点，如集体中的某些人会产生懒惰心理，好逸恶劳；还会使个人的发展得不到良好的实现，从而影响到社会整体的进步；舍己为人难免也会忘记量力而行，从而造成不必要的损失。由此，在今天人们不断追求经济利益、实现经济目标的现实社会生活中，我们在倡导集体主义的同时也绝对不应该忽视个人价值的实现，只有在一定的范围内正确地理解集体主义，协调好个人与集体的关系，中国人的集体主义价值观才会真正表现出闪亮、持久的一面。

西方社会传统文化的演变与发展，逐渐产生了个人主义。个人主义也是西方文化价值观的实质表现，在西方社会中无不渗透着这种思想，最具权威的《简明不列颠百科全书》中提到：“个人主义（Individualism），一种政治和社会哲学，高度重视社会自由，广泛强调自我支配、自我控制、不受外来约束的个人或自我……”由此可知，西方的个人主义是一个褒义词。在西方人眼中，个人价值的实现尤为重要，他们追求财富与成功，注重个人的利益与收获。

同样让我们看西方的几则广告语，来比较一下其与中国的广告有什么区别：

Our personal service will appeal to your individual taste.

——Lufthansa Airline

Obey your thirst. ——Sprite

Impossible made possible. ——Canon printer

No business too small，no problem too big. ——IBM

I'm lovin'it. ——McDonald

以上的英文广告中极其重视自我，他们要在奋斗中实现自我价值，获得个人自由。西方各国中，美国可以说是个人主义的代表。美国人坚信："Every man is the architect of his own fortune."（每个人都是自己成功的设计师），在英文中每一个"I"都是大写，这就足以说明个人主义的普遍性。大量的英语词汇验证了个人主义这一价值观：self-control，self-respect，self-confidence，self-reliance，self-dependence，等等。法国历史学家和政治家艾历克斯·托克维尔（Alexis de Tocqueville，首先把"个人主义"这个词条从法语引入美国）对美国人的自立精神有一种新的解释：他们从不依赖于任何人，不从任何人那里进行索取，也不愿欠任何人什么东西，逐渐他们养成一种依靠自己的习惯，他们总是把自己的尊严握在自己的手中。在好莱坞制作的大片中，史泰龙（Sylvester Stallone）、施瓦辛格（Arnold Schwarzenegger）、李维斯（Keanu Reeves）、马奎尔（Tobey Maguire）等巨星无疑成为西方社会民众心目中英雄形象的代言人，比较充分地表现出了美国文化的特点。在《第一滴血》（First Blood）、《真实的谎言》（True Lies）、《终结者》（The Terminator）、《黑客帝国》（The Matrix）、《蜘蛛侠》（Spider-Man）等影片中，他们所塑造的英雄形象具有一些共同特点：独立（Independence）、勇敢（Bravery）、坚韧（perseverance）、诚实（honesty）、奋进（endeavor）、自由（freedom）、关心民众（concern about the people）等，这诸多品质淋漓尽致的体现告诉我们，即便是这些虚构的英雄形象也能最真切地反映出在美国乃至整个西方社会中，人们信奉的是个人主义的价值观。此外，战争英雄华盛顿、林肯，工业天才福特，软件娇子比尔·盖茨，篮球飞人乔丹，富有传奇色彩的"美国梦"缔造者施瓦辛格等，美国社会无不载满着成功的例子。在美国人眼中，个人主义近乎完美，这种美国精神也在最大程度上代表了西方精神。

个人主义在西方的发展也十分极端，对社会造成了一些不良影响，如忽略亲情，过度以自我为中心（self-centeredness）实现个人利益，强调个人自由，从个人至上的角度出发看待事物。但是我们也可以看到，西方人已经意识到个人利益与社会利益的关系，个人价值的实现离不开与团队的合作。强烈的环保意识、团队精神（team work）等充分体现在西方社会中。

综上所述，集体主义与个人主义是在中西两种不同历史和文化背景下的产物，它们有着各自的特点和优点，然而任何事物都具有的两面性也使它们的不足之处显而易见，随着社会发展和进步的需求，它们也必将期待被更进一步的完善。

第四节 时间观和空间观的对比

一、中西时间观比较

当文化背景不同的人相互接触并相互交流时，往往会在“时间”这一关键的问题上产生分歧。而这种分歧所带来的最大的不便之处，就是会导致人与人之间的信息沟通出现障碍。为什么会在时间问题上产生误会呢？原因就在于，人们对于“时间”的定义，并不是一成不变的，在不同的国家或者是不同的文化环境之下，时间都被赋予着不同的含义。所以，我们将在这里先对多种文化背景之下的“时间”的多种定义做一个简单的介绍，这样做的目的，是为了有效提高跨文化背景的人与人之间信息交流的顺畅程度，尽量减少不必要的误会的发生。

首先，从文化心理学和社会心理学的这两个基本的“心理学”角度来看，人们在对某种文化或者是社会现象进行研究时，普遍是从这三种既定的时间心理角度展开的，即过去观、现在观与未来观。下面我们将对此逐一来进行解释。

第一种，过去观。相对于现在观文化和未来观文化而言，过去观的文化更注重于对旧生活方式的延续，其最大的特点就在于喜欢回眸历史上发生过的一切；并且，还常常强调对于父母或是其他长者的尊敬。举个例子，就日常的语言、生活习惯或是国家的发达程度来说，英国和美国是两个极其相似的国家，因此英国人和美国人也在生活的诸多方面展现出相同的特点。但不同之处就在于，英国人相较于美国人而言，似乎更愿意去沿袭一些古老的生活传统或习惯，而美国人则恰恰相反，他们对这些旧式的古老传统并没有显示出太高的关注度。造成这种文化差异的原因很简单，就是因为英国是一个历史悠久的古老国度，而美国却是一个缺失古代历史的国家。就我们中国而言，中国作为世界四大文明古国之一，有着五千多年光辉灿烂的文化历史，因此，中国人尤其重视传统，主要表现为对祖先的尊敬以及对家庭的重视。在大多数中国人的观念里，“成家立业”与“光宗耀祖”是人生中两件极为重要的事情。

第二种，现在观。现在观的文化，更多的强调一种“活在当下”的意味，简而言之，就是比较偏重于“及时行乐”的意味，现代观的文化，既不留恋于过去，要不强求于未来，它往往认为生活本身就是自然而然的，对过去的留恋或者对未来的幻想都缺乏意义。应该把握好今生今世，不必对未来考虑太多。在全世界范围内，秉持这种“未来观”的文化观念的人有很多，例如，西班牙裔美国人、菲律宾人和拉美人等。总体而言，现在观的行为方式最大的特点就是自由、洒脱和任性而为，但其弊端也很明显，就是会造成人的懒惰以及没有目标、视野狭窄，从根本上是不利于人类社会的发展的。

第三种，未来观。在对于未来观的把握上，美国人是最有发言权的。因为大多数美国人普遍都秉持着这种文化观念。在生活中，美国人往往把自己的视线投向更远的地方，把美好的希望与憧憬寄托在未来上，并为了这种“幸福的明天”而不断努力奋斗着。正是因为这种观念的深入人心，使得大多数美国人对其他国家的人浪费时间的行为，常常报以一种嗤之以鼻的态度。具体而言，美国人的这种“未来观”体现在生活的方方面面，比如，美国人往往为了节约时间，习惯于使用各种机械器具，以起到提高生活效率的作用，例如，常见的有洗衣机、洗碗机、计算机、微波炉等等。此外，美国人的这种“未来观”还常常能够引发出一些深入的思考，例如，由于他们总是习惯于凡事往前看，所以，就不可避免地经常想到死亡的问题。一些美国人深知人的生命是有限的，所以就会格外珍惜生命中的每一天。

在高速发展的现代社会之中，“时间计划”早已成为一种必不可少的规划手段，例如，对于一些大型的国际会议，人们往往会在会议举办前的几年就开始对其做出精准、周密的规划，并且仅仅需要几周或是几个月的时间就能够对未来的会议规划得当。一些工作较为繁忙的政界领袖、艺术家、社会活动家等“大人物”，其行程都需要提前很久就做出规划。除此之外，“时间计划”也普遍存在于普通人的日常生活当中。在一些西方国家，人们普遍愿意使用一个专门的记事簿来对生活中的事件提前进行规划。

“准时”一词，在全世界的范围内几乎普遍适用。例如，一项重要的会议预定在早晨八点准时举行，那么，相应的参会者在清晨八点进入会场就是一种“准时”。这也正是大多数中国人所理解的“准时”。但是，实际情况往往没有想象的那样简单，在不同的国度或不同的文化背景之下，人们对于“准时”有着不同的理解；甚至在同一文化中，“准时”也有着不一样的含义。举个例子，在英国和北美，人们在进行正式约见时，必须按照约定的时间到达，可以提早，但最晚不能超过规定时间五分钟；而在一些阿拉伯国家情况则大为不同——在阿拉伯人的时间观念里，迟到十五分钟是再正常不过的事了。再如，在美国，如果是参加家庭晚宴，那么，比规定的时间晚到五分钟，还算是不失礼貌的，而在英国，这种合乎礼貌的迟到时间可以延长至五到十五分钟。在容忍迟到方面，最为“包容”的国家可能要属意大利了。在意大利，晚到一两个小时的情况随时都在上演。在一些母语是英语的国家，晚宴能够容忍客人迟到十分钟，相反却不能容忍客人提前到达，在晚宴中提早到达被视为极不礼貌的表现。

在集会的时间长度上，不同的国家都有不同的习惯。通常情况下，在英国和美国，公事访问的时间长度一般不会超过一个小时，晚宴则相对需要较长的时间，往往要进行三到四个小时左右才能结束，有些以年轻人为主的“party”，需要五到六个小时甚至更长的时间才能结束。这是因为，在进行社交活动时，人们往往需要经历一个“慢热”的过程，才能逐渐达到集会的高潮。因此，如果社交活动的时间太短，就会给气氛的营造带来不良的影响，因而这样的社交活动也达不到沟通人群的目的。与这类自由的集会方式不同，通常情况下，一些正式的外交活动往往都会对时间有明确的规划，例如，在给参会人员的邀请信上，工作人员就会主动注明该活动开始的时间与结束的时间，并且活动也会严格遵照这些规定的时间来进行。

二、中西空间观比较

通常情况下，动物很强调自己的“领地性”，即“领地意识”。例如，常见的猫、狗、熊、大象等动物都有属于自己的地盘。狗把主人的房子和院落当作自己的领地，如果有其他的狗或生人接近房子，狗就会吠起来。如果人侵入了老虎的领地，它会自动地向后退，但在它无法再后退时就会反击。人也有自己的领地，虽然常常是不自觉的。例如，在一个家庭中，每个家庭成员都有自己习惯坐的位置，这个“习惯坐的位置”实际上就属于个人的“领地”。

界域行为是有文化差异的。就对社会空间的理解而言，西方人与中国人之间存在着较大的差异。例如，教室里的桌椅摆放，一般采用两套桌椅并置在一起的方式，因为中国人更重视人与人之间的相互交流与学习；而西方则不同，教室里的桌椅大多都是每一套单独摆放的，这是因为西方人格外强调自己的“领地意识”，他们不喜欢和别人距离过近，因此，在西方人的世界里，孩童一出生就应该有属于自己的卧室以及属于自己的独立空间。在亚洲众多的国家中，日本人是最不强调人与人之间的空间感的国家。

在欧洲国家中，德国人的“领地意识”相对来说是最强的。在德国人的观念中，一个人在房间里看到了房间外的人，那就算是侵犯了别人的隐私。不难发现，德国人对隐私是十分在意的。因此，德国人格外重视门的作用，德国生产的门，总是十分厚重的，并且时常是处于紧闭状态的。德国人认为只有这样的门才能成为人与人之间的安全分隔线。

除了德国人以外，英国人也有着很强的“领地意识”。英国人在与他人接触时，习惯于保留一个很大的“身体缓冲带”，并且，英国人即使是在与亲密的人进行亲切交谈时，也要保证两个人之间的距离至少要超过九十厘米。更为夸张的是，如果一个英国人想要独处，那么，即便是有人打电话，他都会拒绝接听。因此，在给英国人打电话时，往往会出现无人接听的情况。并且，英国人认为，如果没什么重要的事情却要给别人打电话，那就是一种相当莽撞、缺乏教养的行为。

总而言之，在全世界的范围内，英国、德国、美国、澳大利亚、日本等国，较为强调“领地意识”，即“近体度”。相反，一些阿拉伯地区以及南美洲、非洲、东欧、中欧等地区，对“近体度”则没有太明显的要求。因此，为了尊重各国的习惯，当我们在同国外友人进行交流时，应该保持一种合理的距离，而不应太过贴近。

北京申奥成功后，刘淇指出北京人的 12 种小毛病，其中的一种“加塞儿”，就属于不礼貌的界域行为。银行和地铁的排队现象，人和人之间的距离几乎为零，即使这样，也还有人“加塞儿”。西方人排队的间距大约 1 米，并没有人会挤进去。日本、韩国的留学生在校园里碰见老师，大老远就鞠躬，而中国学生却无视老师的存在，横冲直撞地就过去了，老师还要躲避他们。在教学楼的楼道里，留学生都是远远地在老师后面走，从不会超越，而中国学生却多会从老师身边挤过去。

此外，我们还应该注意的一点就是，当身处陌生的环境中时，如果主人不在周围，切记不能翻动属于其领地内部的物品，因为这样会侵犯到别人的隐私。而且，即便是主人在场，也不能随便进入属于他的私人空间当中。生活中，常常会有一些人做出侵犯他人隐私的事情，这不但会对他人造成不良影响，也会使自己的形象一落千丈。

第三章　中西方的文化对语言的影响

语言是文化的重要组成部分，可以说，语言是文化最重要的承载者，对于文化有着极大的影响与推动作用。本章将从四个方面来阐释中西方的文化对语言的影响。

第一节　中英两种语言的基本差异

文字所承载文化内涵的能力要比口语大得多。中文是使用人口最多的一门语言，使用率较高；而英语则是使用国家和地区最多的一门语言，国际性较强。通过对中西语言文字的对比，可以看出，语言文字究竟对文化会产生何种作用和何种文化效应。

一、汉语与英语的语音差异

（一）汉语的语音特征

1. 一字一音，一韵多字

汉语发音单位是字，一个字一个音，干脆利落，汉语语音构成的特点为：除少数汉字是纯韵母音素（如“爱”“鹅”“哦”）以外，大部分汉字均由“声母＋韵母”拼合而成，其中的声母和英语中的辅音音素类似，韵母与英语中的元音音素类似。而且，汉语中的韵母，不管其标注方式是一个韵母字母（相当于英语的元音字母，如“e”“i”等），还是由两个或三个韵母字母组成（如“uo”“ei”等），发出来的都是一个音。而英语则与之不同，在国际音标里同样标注为“*ɑi*”的音在发音时须由第一个元音音素“*ɑ*”滑向第二个元音音素“i”，即“*ɑi*”是由两个音素构成的，所以是双元音。英语中的单音词很少，基本都是多音词，也就是一个词蕴含至少两个音，多者可达七八个甚至更多的音。这里提及的“音”不仅仅是指音素，更不是指音节（上面这个英语单词有六个音节），而是指单一的音素或两个或更多音素（辅音与元音）拼合在一起发出的一个音，虽然英语中双元音构成的音素在常速或者快速的语流里通常难以听出是两个音。

有一点需要注意，虽然汉语中有的韵母音素的标注方式含有声母字母（相当于英语的辅音字母，如“*an*”中的“n”和“ueng”中的“ng”等），发出来的音素只是一个母音。换句话讲，汉语每个字的尾部都不会有与英语辅音相当的音素。这种情况在很大的程度上导致汉语文字无法演变成拼音文字。因为拼音文字如英语需要具备的一个重要特点为，在许多场合，前后的音素能拼合，乃至前后的单词也能连读，其原因是在英语的双音节词或者多音节词的尾部往往有辅音音素，因而当其后单词的开头是元音音素时，就很容易与其相拼。而汉语由于其每个字的尾部均为韵母音素，所以前后的汉字在发音时不能拼合连读。这就是汉字不是拼音文字的语音学、音位学的原因。

2. **一字一调**

因音高起伏所形成的旋律模式与字词的发音紧密结合，因而汉语属于声调语言，其声调通过四声表示，有一、二、三、四声，也就是阴平、阳平、上声、去声四调，前两声是平声，后两声是仄声。通常而言，汉语是一字一调；尽管也有很多汉字因有多种音、义而导致一字多调，不过实际上是由一字多义所引起。即使这样，从语义出发，毫无疑问汉字的每一种词义只有一音、一调。例如“哄”字，这个字有三义，用作象声词，形容众人同时发出的声响时，读一声（hōng），如“哄堂大笑”；作“骗”讲，读三声（hǒng），如“欺哄”；作“吵闹”讲时，则读四声（hòng），如“起哄”。

从字词、语句的发音节律来看，汉语所采用的是“胸律动”模式，也就是遵循音节长度的规律、以音节为拍节吐字发音。而就每个汉字的语音来说，无所谓轻重；语音的轻重仅出现在句子层面，句中尤其是句尾的助词、叹词等通常都是轻读。例如，在问句“你懂了吗？”中，句尾的“了”和“吗”通常均为轻读音。在一些叠音词构成的称呼语如“爸爸”“妈妈”中，一般靠后的字要轻读。作为音节拍语言的汉语，因汉字一字一音和严格按照音节长度规律发音，其语音有了明显的抑扬顿挫，并形成汉语所特有的双声叠韵美，给人一种节奏整齐、铿锵有声之感。

（二）英语的语音特征

1. 单词发音以多音为主

英语中，词是可独立存在的最小语义单位，由一个或者多个字母拼写而成。就其发音来说，除了一小部分只有单元音音素的词（例如“or”“a”等）是一个音外，大部分的单词都是一词多音，也就是包含两个以上的音。习惯上把一个元音音素或者元音组合（即双元音）看作一个音节（实际包含两个音素），根据其音素构成特点，还可以分成开音节、闭音节、r音节等。从音位来看，英语单词的音节有“单元音或双元音（如：a，or，I，owe）”“辅音（组合）＋元音（如 buy，sky，hue）”“元音＋辅音（组合）（如 art，own，ink）”“辅音（组合）＋元音＋辅音（组合）（如 bed，speak，watch，like）”等几种基本构成类型。而英语中大量存在的双音节词和多音节词的发音，就是由上述这些基本音节相互交叉组合而成，这其中又有“元音＋元音（如 hour，our）”这样的双音节词。然而，即便是单音节词，只要其尾部有辅音，它发出来的就是两个音，例如“pat”读为“pæ-t-”，尽管是由三个音素“p-æ-t”构成的，但是听起来却是两个音，因为元音音素与其后的辅音音素是不能拼合成一个音的。但是，英语单词尾部的辅音音素却能够自如地与其后续单词开头的元音音素拼合在一起。英语单词读音的这种特点就使得它在很多场合下可将前后的单词连读，这恰恰是英语成为一种拼音文字的语音学、音位学理据的原因。

从押韵的角度来看，英语单词有几十万，尽管其元音音素只有 20 个，但是一词多音（即含有一个以上的音），尤其是经常带有的辅音尾音，使其韵脚种类剧增。例如“serve”和“stern”这两个词，虽然其中的元音音素都是“［əː］”，它们听上去却并不押韵，就是因为其后的尾音是不同的辅音音素，而这些辅音音素也是要发音的，想要押韵，单词尾部元音后的辅音音素也必须相同或者相似。如此一来，相对于汉语的同韵字，英语单词的同韵词乃至同音词就要少得多了。

2. 短语、句子有调，单词无调

因音高起伏而形成的旋律模式与短语、句子的发音紧密结合，故英语属于语调语言。就其一个一个的单词来说，是没有声调之分的，只有在短语、句子层面才会出现语调的差别。英语共有平调、降调以及升调三种语调。一般来说，句子的前部、中部和独立的或者不在句尾的短语读平调，句子尾部则读降调或者升调。例如陈述句句尾一般读降调：“A young woman was busy in the kitchen，and the children were playing outside the house.”一般疑问句句尾一般读升调：“Have you understood what I said?”

从字词、语句的发音节律来看，英语所采用的是“重音律动”模式，即遵循句子重音复现的规律、以重音为拍节吐词发音。所以，虽然英语没有平仄之分，但是在单词层面和句子层面却有轻重音之分，也就是说英语单词中的双音节词、多音节词以及英语句子在发音时都要区分重读音和非重读音。在单词层面，两个或者两个以上音节的单词，通常由一个重读音节和一个或者一个以上非重读音节构成；不少合成词还可能有次重音以及双重音现象。在句子层面，每个句子都有一处或者多处句子重音，例如，“Mary was reading her textbook very carefully in the classroom.”一句的句子重音就分别落在“Mary”“reading”“textbook”“carefully”以及“classroom”上，“very”若不强调通常不重读，剩余的几个词则是非重读的，一般采取一带而过。作为重音拍语言的英语，通过采用单词重音、句子重音、逻辑重音、连读、失去爆破和音步等手段，其语音有了明显的轻重缓急，音乐感很强。

3. 汉语、英语语音差异带来的文化效应

我们已经分析了汉语、英语语言上的特点，这两种语言语音的特点所产生的文化效应十分明显，差异突出表现在诗歌的写作方面。

针对汉语来说，尽管一字一音使之不能连读，因而永远也无法变成拼音文字，不过它在文学表现形式上反而存在优势：它能够十分容易地做到通过使用相同数目的字词使上下句间保持形式上的对称，从而就有了汉语所独有的、不仅在发声的时间长短及用字的数目多少方面绝对一致，而且在声调的平仄及语义上严格对仗的诗词歌赋，从而赋予汉字以形式上的高度的对称美；一字一韵、一义一音、韵少字多、一韵多字使汉语同韵字数量庞大，因而使韵脚的选择范围大大增加了。所以，一首诗要保持一韵到底在汉语并不难，故汉语诗歌往往具有很强的韵律美。再加上汉语声调种类多，使人们运用汉语述说或者朗诵时富于音韵变化，抑扬顿挫，或铿锵有力，或娓娓道来，十分富有节奏感、对称性、韵律感、和谐性，使汉语诗歌乃至散文等其他文体具有极强的语言感染力。例如古人在写诗时，除了表达内心情感以外，还非常注重诗的韵律，主要考虑四个因素：一是“字数对应”，也就是上下诗行中所用的字数要相同，这样诗歌在吟诵的时候便可以占用相等的时间，听起来有一种结构与节奏上的工整美。二是“音调对称”，也就是上下诗行中每个字或者第二、四、六字的声调要“平仄”对应，这样在吟诗的时候能够产生上下诗行在音律上的对称美；三是“语义对仗”，也就是上下诗行中的用字在语义上要做到“范畴”对应乃至“正反”对应，这样一来可以产生上下诗行在语义上的对称美；四是“尾韵相同”，也就是押韵，汉语诗歌中通常要求二、四句或者一、二、四句押韵，如果超过四句，以此类推，而且基本都是一韵到底，这样一来能够产生音韵上的工整美。英语则几乎不能做到上述四点，但是使用汉语却可以做到，从而保证诗歌节奏的高度一致、语义的完美对称、结构的严密工整。

以古诗为例：杜甫《梅雨》中的诗句“湛湛长江去，冥冥细雨来”对仗就十分工整。"湛湛"仄声与"冥冥"平声对应，"长"平声与"细"仄声相对，"去"仄声与"来"平声相对；从语义上看，每行诗句的前四个字属于范畴相对，也就是相同范畴、不同词义，最后一字不仅范畴相对，而且词义相反，也就是正反相对；从音调上看，两句的调式为："仄仄平平仄，平平仄仄平"。

然而，并不是所有的古诗都可以满足上下诗行每字都平仄对应的苛刻要求。根据古诗音韵节律的惯例，每行诗的节奏点即第二、四、六等音节的平仄应是交替出现的；并且上下诗行的节奏点和最后一字的平仄要相反。（张公瑾、丁石庆，2004：162）只要做到上述两点就能够保证诗行节奏工整、朗朗上口，音乐感极强。大部分古诗都严格遵守二、四、六音节的平仄对应，而不是字字对应。

针对英语来说，一方面，英语作为一种拼音文字可连读，这是它的一种优势，所以在语言表达和运用中，它似行云流水一般流畅，或婉转轻柔，或一泻千里，音乐感、流畅性非常强。但是从另一方面来讲，因大部分英语单词是一词多音，而且有长有短、长短不一，英语在其语言形式上的表现力就远远不如汉语。这也是英语语言在诗歌中的押韵功能远不如汉语的其中一个原因。

为了确保诗的严整，古代英诗（例如斯宾塞"斯宾塞体"的九行诗与莎士比亚"商籁体"的十四行诗）具有其自身的韵律规则，主要通过三个要素来实现：一是"音步"，也就是多由两个音节（一重读音节和一非重读音节）组成、有时也可以由三个音节（二轻一重）组成的分析单位，要求每行诗一直保持相同的音节数目，常见的是五个音步，也就是每行诗保持在十个音节。二是"格律"，也就是每个音步内各个音节的轻重音发声模式，主要有"抑扬格""扬抑格""抑抑扬格""扬抑抑格""抑扬抑格"等几种，要求只要确定了格律就必须严格遵守。三是"尾韵"，也就是每行诗最后一个音节的发音，要求上下诗行的句尾做到押韵。

二、汉语与英语的语形差异

语形指的是语言文字的表现形式、外在形式以及书面形式。汉语属于表意文字，表现为形声会意字，取方块字的形式；英语属于表音文字，是字母拼写的形式。

（一）汉语的语形特征

汉语文字经历了漫长的演变过程，从古代的甲骨文、金文（钟鼎文）、大篆、小篆、隶书、草书、楷书、行书、宋体到现代的简体，从象形字、会意字发展到形声字，字形已经相对稳定了。在此过程中，中国人创造并运用了象形、指事、会意、形声、假借、转注等六种造字方法，其中形声字最多。值得我们骄傲的是，汉语是世界文明古国的文字中唯一一种保留至今且仍在使用、并显现出旺盛生命力的语言文字。

汉字形体的基本特征有：①它是一种表示单音节语素的表意文字，其符号是音、形、义的结合体；②其基本符号是点、横、竖、撇、折、捺等笔画，通过笔画的组合构成部件（偏旁），再由部件构成完整汉字，即汉字汉笔画、部件（偏旁）和整字三个结构层次（有些汉字只有两个层次）；③制字理论为“六书”，分别为象形、指事、会意、形声、假借、转注；④各个部件在拼合成字的时候注重平衡对称，字形呈结构规整的方块形。（张公瑾、丁石庆，2004：89）

20世纪20年代至50年代，由一些仁人志士针对汉字的一些不足或弊端，提出要对汉字加以改造，走拉丁化或者拼音化方向。但是后来人们发现，汉字有着许多拼音文字所不具有的优点。著名作家和文化学者王蒙曾经这样说道：“汉字稍微难学一点，但并不是特别的难，它有它的规律。拼音文字就那二十几个，最多三十几个字母，每一个字母代表一个声音，这个声音没有任何意义。而汉字的形状就包含了声音，包含了形象，包含了逻辑关系，包含了一种美的画面。尤其是汉字输入电脑的方法解决以后，要求消灭汉字的声音几乎响不起来了。”

汉字最突出的特点即为它的立体结构及象形性，汉字最根本的造字原则是“以形状物、合形会意、象形为本”的成字要领。汉字的语形便于“睹字识物、据形断义”，这与它早期作为象形字问世并长期留存、应用于世密切相关。汉字的象形性表明，汉语言文字是“天人合一”的完美体现。“天人合一”是中国古代思想家、哲学家提出来的哲学思想，同时也是古代中国人梦寐以求的梦想，是他们不断追求的终极目标及最高境界。所谓“天人合一”，简单来说，就是人与自然、人与社会、人与客观世界的关系达到高度的融洽、统一、友好、和谐。这需要我们中国人始终朝着这个宏伟目标兢兢业业、孜孜以求。令人感到欣慰的是，中国人的祖先在创造文字时，就已经在汉字中融入了“天人合一”的目标和理想。语言文字是人类的创造物，它本身就有着浓浓的“人”气；而早期的汉字作为象形字，将大自然、客观世界的万物的意象形象地反映在文字里，使我们在使用汉字时很容易就联想到大自然和其中的各种事物。

虽然随着时代的发展、历史的前进，汉字渐渐地演变为会意字、形声字，其象形性已经被大大削弱了，不过还是可以从很多汉字字形上看出早年象形字的迹象。例如“山”字，其外形易于让我们联想到自然界中峰峦耸立的“山”的形象；比如“闩”字，其词形与旧式房屋的门闩非常相似。况且，即使是会意字、形声字，也都会具有象形字的一些特征，只是程度不同，因为它们可以借助汉字的各个组成部分、偏旁部首的形、义、声，让我们的思想间接地与客观世界发生关联。例如会意字“明”字，它通过偏旁部首“日”与“月”的字形和词义让我们联想到自然界里的太阳和月亮，进而会意到它们具有的一个共同特征“明亮”，从而领悟、获悉或记住这个词的词义。由此，我们可以总结出：汉语语言文字的形象性及描述性很强。

（二）英语的语形特征

英语属于拼音文字，利于“睹字识音，据音断义”。英语的手写体有一个典型特征——“弯弯扭扭”，该特征使英语单词具有流线型结构，所以书写起来比较便利、利于连写。不过不同于汉语的是，尽管它具有一定的会意性，但是不具有任何象形性，换句话说，英文的外形与自然界的客观事物不存在任何关联，很难引起人们对外部世界或客观事物的联想。可以说，西方拼音文字是通过无意义的字母的线形连接来构成有意义的最小语言单位——单词的，再借助单词的线性排列构成短语、句子以及篇章。其外形的立体感不强，也没有任何象形的功能，长此以往，人们渐渐地形成了脱离现实世界物像、纯粹借助于文字符号的抽象思维。这种脱钩并不是偶然，而是古代西方人在其特有的生息、繁衍的环境中长期为自身生存与大自然做斗争的过程中逐渐形成的。在此过程中，西方人将大自然看作敌方，也可以说视大自然为斗争的对象、对立面，在中国古代人提出并奉行“天人合一”的思想时，西方人是以战胜自然、征服自然、做大自然的主人为目标、为己任。这也是西方人要比东方人更富有冒险精神及竞争心理的一个原因。相对于汉语来说，英语语言文字的抽象性及逻辑性很强。

（三）汉语与英语语形差异带来的文化效应

汉语语言文字的象形性或形象性是其最大的特点，易于勾起汉字使用者的头脑和外部世界间的联系，人们看到汉语语言文字就会联想到相应的事物，产生相应事物及外部世界的形象。而英语则不同，它并不具备象形性，所以与外部世界的联系几乎没有，但是英语的抽象性及逻辑性很强，这两种语言语形各自的特点必然会出现以下不同的文化效应。

1. 汉语使用者擅长形象思维，英语使用者擅长抽象思维

因汉语具有很强的形象性和描述性，所以长期使用汉语的中国人渐渐地会养成思考问题时，经常会与现实世界中的物象或者意象相联系的思维习惯。久而久之，中国人就渐渐地形成了擅长形象思维的特征。中国人的该特征典型地反映在他们的文学创作特别是诗歌散文的创作上。不同于西方人在文学创作中擅长论述、说理、描写心理活动，中国人非常擅长写景、抒情。我们很容易就能够从驰名中外的汉语古诗中看到这一特点。例如李白的《送孟浩然之广陵》：

故人西辞黄鹤楼，烟花三月下扬州。

孤帆远影碧空尽，唯见长江天际流。

诗中的第三、四两句就像电影里的“蒙太奇”镜头，在人的头脑中会出现一派情景交融、历历在目的江景：载着友人的船只孤零零地消失在远方长江和天边交界之处。栩栩如生的景象表达了诗人对友人的不舍之情：“孤”“远”“尽”三个字道出了诗人的心境，抒发着诗人因为挚友的离开而产生的孤独；只看到了远处水天一色而看不见友人的乘船，世事难料、命途多舛，然而大自然却始终故我，体现了诗人因友人离别而感到心中空虚、无以寄托的惆怅情愫。因而，这首诗依托汉语言文字的优势，很好地发挥了诗人借景抒情的功能。

而长期使用英语这样缺乏象形性的语言的西方人的形象思维能力要比中国人弱一些，但英语的逻辑性相对来说更强一些，因为它反映了人类抽象思维的智力运行轨迹。这种语言使语言使用者的逻辑思维能力更强，尤其是抽象思维的能力、思辨的能力，因为这类语言的使用者不能通过语言文字自身的形象来进行思维活动，而仅能依靠这种文字所包含的抽象意义及其内在的逻辑联系来进行思维，并且长期运用这种语言使他们的抽象思维能力得到了反复地强化并且不断提高。这可能就是使用拼音文字的西方人在抽象思维方面具有优势并因此在历史上多产哲学家、思想家、辩论家、演说家的一个重要原因。

2. 汉语使用者对自然有敬畏和崇拜之情，英语使用者对自然有战胜和征服之意

古代中国人对自然的敬畏和崇拜之情在汉语中有很强烈的反映，从汉语中的“天人合一”的思想中就可以看出来。因客观条件的制约，中国人其实很早就过上了定居的农耕生活，大自然提供的优越自然条件及地理环境使人们过上丰衣足食、安居乐业的生活，所以人们从心底里崇拜自然，感谢自然。从另外一个角度来说，大自然的一些重大灾害让人们非常无助，不能解释也难以抗拒，这样一来就使古代中国人对大自然产生畏惧心理。古代中国人只能将希望寄托于一些虚幻人物如“如来佛祖”“玉皇大帝”等神灵来拯救他们。由敬畏到崇拜，再到人与自然之间的“天人合

一”以及后来的人与社会、人与人之间的“以和为贵”，中国人的思想行为轨迹都蕴含着汉语文字的影响效应及诱导作用，因为行为是由思想支配的，而思想是以语言文字为载体的；作为中国人的创造物，与外部自然界世间万物相关联并且蕴藏对自然界的敬畏。汉语始终对中国人的思想和行为有着潜移默化的影响。

实际上，相比于早年中国人的生活，古代西方人的生活要更为艰险。他们在相当长的历史时期里基本都是以游牧生活为主，这种游牧生活的动荡性、艰险性在客观上总是要求他们为自身的生存而与自然做斗争，所以培养了人们不畏艰难、大胆冒险、敢于竞争、乐于创造的精神。而西方拼音文字较强的抽象性就恰恰发挥了较强的暗示、诱导以及强化的功能：长期使用与自然相脱离、以人类自我意识为主宰的语言使西方人渐渐地形成了以自然为敌及渴望战胜和征服自然的主观心理暗示，并且愈演愈烈，在18世纪至20世纪也就是工业革命至信息时代期间达到了顶峰。直到20世纪下半叶，西方的有识之士才认识到问题的严重性，于是开始宣传和制定保护自然、维护生态平衡等环境友好思想和政策方针。

三、汉语与英语的语义差异

汉语字词与英语单词在语义特征上存在以下几点差异。

（一）汉语的语义特征

1. 汉语的构词能力强于英语

汉字是由基本笔画构成的，除了少数字之外，每个字都有其特定的意义；例如“莞”字，其字义就不是特别明确，不可单独使用，只有用在“莞尔”一词中才有明确的意义，形容微笑，例如“莞尔一笑”；而“绾”字就有明确的意义，是“把头发盘绕起来打成结”之义，例如“把头发绾起来”。“莞”是字不是词，而“绾”则是字也是词。除此之外，大部分汉字又都可以与其他的汉字通过各种组合而生成新的词。汉语新词的产生主要是依赖于原有汉字的反复变换的重新组合，人们基本上不再创造任何新的汉字。因而，经过数千年的发展，汉语字数未明显增加，反而有一些字渐渐地蜕变成废字；其总数也明显比英语单词少，最多的统计数字包括废字在内也只有九万字左右。所以，汉语的稳定性较强。但是如果算上由汉字组合而成的词，便数不胜数了，汉语的词远远多于汉字。例如“大”字领头组合的词包括成语在内有356个之多（汉英双语版现代汉语词典，2002：353-367）。

英语单词则由字母构成，它不叫字而叫词；尽管它的词也可与其他词组合而成合成词，但是其组合能力远远不如汉字。其产生新词的方法除了旧词增添新义、旧词合成新词以外，主要还是通过新创的方式。例如：计算机作为新生事物问世时，英语为它创造了这个新词："computer"，从其构词方式能够看出，这个词纯属几个字母的拼合，不具备表达有关计算机语义的"会意"特征；而汉语则通过将原有的旧词"计算"与"机"组合到一起用以表示这种新事物。而且，它明显是个"会意词"，人们非常容易就可以猜到，这是一种用于"计算"的"机器设备"。随着新生事物及全新概念的大量涌现，英语中的新词也越来越多；据不完全统计，加上外来语，其总数已经超过了一百万。

2. 汉语一字一义、一音多字的情况要多于英语

语义和语音紧密相关，实际上语音就是语义的声音符号，所以我们从语音的角度分析英语与汉语在语义特征上的差异。汉语语音与语义的关系可总结为以下四种情况：

（1）汉语中大部分字是一字一音、一音一义，所以这些汉字就是一字一义；例如"店"字，读作"diàn"，意思是"进行商业经营的房屋"，也就是"店铺"，有"客店""商店""服装店"等之分。也有很多汉字虽然一字一音但是却一字多义，如"拣"字读作"jiǎn"，有基本含义"捡拾"，还有"挑选"这个派生的词义。

（2）汉语中一音多字的现象并不少见。一音多字指的就是相同的语音由不同的字或词发出，也就是不同的字词具有相同的发音，即"同音异形异义字（Homophones）"。汉语字典或词典可按照汉字发音分门别类地依序收录和索引。这就表示汉语中有大量的同音字、同音词。不过这种同音字词太多的现象却难住了初学汉语的外国人。例如当中国人说"jiān shǒu"时，这些外国人很难分辨是"坚守"还是"监守"，这两者的发音音调完全相同，但语义却完全不一样，"坚守"指的是"坚持守卫"，"监守"指的是"监督看守"，此时只能根据上下文语境或汉语使用者纯正的汉语语感才能够判别出来。至于同音字就更多了，远多于同音词。

（3）汉语中一音多义现象较为常见，其实属于"一字多义"现象，一般指同一个字发音相同而意义却毫不相关。例如"举"字，只有一种读音，却有"往上托""推选""行为"等词义。再如"会"字，有"理解、通晓、可能"之义，还有"聚合、见面、集会、团体名称"等含义。更常见的是同一个字在发音不变的前提下与其他字搭配而产生不同的词义，例如"典"字读作"diǎn"，其所组成的词语"典范"指的是可作为学习、效仿的榜样的人或者事物，其中的"典"之义为"标准、规范"；"典礼"指的是郑重举行的仪式，其中的“典”之义为“经典、法典”，衍生出“郑重、庄重”的意味；而“典当”指的则是一方将自己的财产押给另一方以换取一笔钱款，不付利息，议定年限，到期还款方可以收回原物的行为，其中的“典”之义为“抵押”。不过，在现代汉语中，“典”字从来都不单独使用，要组成词才有意义。

(4) 汉语中还有一字多音的现象存在。一字多音指的是一个汉字在不同的语境中或者与不同的汉字搭配时就会有不同的发音，也就是“多音字”或“同形异音异义字（Homographs）”，当然也就具有不同的词义，所以这也属于“一字多义”现象；这种现象通常在常用字词上比较多见。例如“乐”字读作“lè”时有“高兴、喜悦”之义，例如“快乐、乐趣、乐意”等；读作“yuè”时，有“歌唱或演奏的曲子”之义，例如“乐曲、音乐、乐队”等。有时只是音调的不同，例如“好（hǎo）”和“好（hào）”，“好（hǎo）”意为“优点多的、优良的、令人满意的”，“好（hào）”意为“喜爱、易于”。

（二）英语的特征

当然，英语中一词一义的情况有很多（主要是表示事物名称的词），但是其一词多义现象却要比汉语多，而且很多功能词、常用词的义项数量也明显比汉语要多，以至于在许多场合我们只能依赖上下文或者语境来辨别词义。例如“get”一词有 22 条义项，另外其后加小品词组成的短语也有 32 个（朗文当代高级英语词典，1998：634-637）。

英语一词多音，也就是同形异音异义词（Homographs）的现象也比汉语要多，基本上都是不改变单词拼写而直接改变词的重音、辅音音素的清浊及词性、词义的情况，一般变动不大。另外，还有一种词源完全不同的同形异音异义词，发音和词义有非常大的差异。

英语中一音多词，也就是同音异形异义词（Homophones）的情况则比汉语中的少，只有“our&hour”“for&four”“sea&see”等有限的十几组或几十组词。除此之外，还有与汉语同样较少的同音同形异义词（Homonyms），如“bear（忍受）”和“bear（熊）”“book（书）”和“book（预订）”等。另外还有较多的其词义只有轻微变动的同音同形异义词，如“hand”作名词时表示“手”，作动词时表示“用手递”。

特别需要注意的是，英语中的同义词或近义词是所有语言中最多的，原因是英语是一种具有极大包容性、开放性的语言，在其发展的过程中大量吸收了其他语种尤其是西方语言中的词汇（即英语中的“借用词”“外来语”）。这包括两方面的含义，一方面指的是同义词的总量要远超过汉语；另一方面指的是就某一词义来说，其每组同义词的数量远多于汉语。例如“工作”一词，其汉语的同义词或近义词有“任务”“岗位”“职务”“职业”等三到四个，而英语则有“job”“work”“task”“assignment”“mission”“chore”“post”“position”“occupation”“profession”“vocation”“career”等十多个。当然，英语同义词之间还会有细微的差别，不过近几十年来，随着经济、科技、社会的迅猛发展，随着生活节奏的加快，语言越来越趋于简化，英语更为明显，其所带来的一个变化就是越来越忽视同义词的差异。

（三）汉语与英语的语义差异带来的文化效应

汉语与英语的语义差异所带来的文化效应包括以下几方面。

1. 从词语的记忆积累来说，汉语较英语容易

因汉语字的组词能力及其自我滋生能力非常强，很多新词都是借用旧字组合而成，所以总字数并不会增加；加之这种组合是按会意的方式进行的，所以往往能够望文生义，这样我们通常不需要记忆全部汉字，掌握最基本的常用汉字3000左右就能够满足一般性听说读写的需要；除此之外，汉语的象形性和会意性又使其具有了非常强的自我阐释能力，即便我们不认识、不了解某个词语、词组的含义，我们也可以借助组成该词的各个汉字的字义来推测整个词组的词义。比如说“结党营私”，即使我们第一次遇到这个词，只要我们知道“结”有“团结、勾结、纠集”之义，“党”是“政党、党派”，“营”有“经营、营造”之义，“私”意为“私利”，很容易就可以推知这个词的意思是“结成死党以追求私利”。这样的例子有很多，每个中国人都会有不少词语是通过这种推知方式掌握的。因而汉语字词的积累相对来说要容易一些。而英语则与之不同，这种语言有词无字，英语单词的组合能力比较差，新词的产生主要靠新造，而且大部分表示事物名称的名词均为一词一义，从而导致词汇总量庞大，仅3000英语单词是远远不够支撑阅报读书的；而且表音文字不具有象形性，其会意性较弱，所以其自我阐释能力不强，不认识、没学过的词基本难以顾名思义，也就是说，很难根据其拼写的各个组成部分推知词义，所以增加了在阅读理解时揣义猜词的难度。例如汉语“树脂”一词，若我们没学过这个词因而不知其确切含义，至少我们能根据组成该词的两个汉字各自的字义信息推知，这必然指的是“树木”身上类似于“油脂”的液体物质；但是与其对应的英语单词“resin”却完全不能依据该词的组成特点或者隐含信息猜知词义，不认识就只能通过查阅英语词典而得知。所以说，就词汇的辨识和记忆、积累而言，汉语要较英语容易。

2. 从词语的表意功能来说，英语词较汉语字精确，而汉语词较英语词明确

汉语的最小语义单位是“字”，现代汉语中可以单独使用功能字、常用字，但是在全部汉字中所占比例较小，在五、六千字左右。在“字”的层面上，通常大多数汉字的语义比较宽泛、笼统、模糊，不够精确。例如“桌”字，可单独使用，人们可以说“请把书放在桌上。”但是这个“桌”到底是什么桌？是“课桌”“书桌”“办公桌”还是“餐桌”？没有看到实物就很难判别，明显不如其组词之后精确。

特别需要注意的是，汉语中很多的汉字虽然也有基本的、通常也是模糊笼统的字义，在现代汉语中却是无法单独使用的，而必须与其他的字组成词后才可以表达明确的意义。例如“愕”“瞩”“窥”等，只有在组成词“愕然”“万众瞩目”“窥视”等之后才可以使用。此外汉语还有其所独特有的叠字结构，也就是相同的汉字重叠使用，在四字词组较为常见，例如“慢慢腾腾”“匆匆忙忙”等。不过，汉字一旦组成词，表达的即为精确的词义，其精确度甚至远超过英语。而英语只有词而没有字词之分，即“词”是英语表层结构最小的语义单位。每个英语单词不管是单义还是多义，都表达明确的含义，不需要以组词为前提。所以相对来说，英语要比汉语更精确。

3. 从词语的语义表达来说，汉语较英语概括性更强，而英语则较汉语逻辑性更强

因汉字表意的宽泛、笼统，造成汉语文字的概括性较高。该特点在古代汉语中表现得非常明显。寥寥几字、言简意赅，就可以讲一番大道理，表达非常丰富的含义。例如：孔子自称“志于道，据于德，依于仁，游于艺”（《论语·述而》），这十二个字就概括了孔子自己的为人处世之道。因英语单词表意的相对精确，而且其严密的句法结构，就造成英语的逻辑性很强，在进行辩论说理、条分缕析时的优势较大。

（四）汉语与英语的语法差异

1. 汉语的语法特征

汉语属于分析性语言，几乎没有词形的曲折变化，句子结构采用“意合法（Parataxis）”，也就是“汉语的语法关系不是靠形态来表现，而是采取提取意义支点的方法，依赖语义的搭配、语用的因素来反映词语的组合关系，了解句子的意思”（林宝卿，2000：161）；主要借助语序即词语

排列顺序来表达词语间的相互关系及其逻辑联系，也就是根据事件发生的先后次序、事理推移的内外顺序来排列语句，不常采用关联词以及句法手段，重在意合。根据中国人长期形成的逻辑思维习惯，汉语形成了主语在前、谓语在后的表述顺序；随着人们生产、生活需要的日益增长和语言内容及其形式的日益复杂，汉语句子中不仅包括主语、谓语等主要成分，还增加了定语、状语等修饰成分，并且形成了修饰成分修饰谁就放在谁之前的语序规则。其实汉语本身并没有词性的区分，即便是在当代的汉语词典中也没有汉字词性的标注。中国人无须死记汉字的词性，因为汉语并没有刻板的词性划分标准，而是根据汉字的语义特征来断定其词性，例如表示人、动物、植物和天地万物的名称的词，表示抽象概念（如“喜怒哀乐”“社会主义”）的名称的词均为名词；表示动作行为的词如“生活”“逝世”等均为动词；表示事物特征、性质的词如“勇敢”“优雅”等均为形容词等。而且在现代汉语中，动词和形容词可直接作为名词使用。例如“我们必须要严密注意事态的发展。”这一句中动词“发展”用作名词作为句子宾语；再如“美丽不仅表现于外表，更体现于内心。”这一句中的形容词“美丽”则用作名词作为句子主语。因汉语没有词形的曲折变化而单纯依赖词性的直接转换和词语的排列顺序和上下文的逻辑关系来理解语义，所以汉语的句式结构是灵活、简单、松散的，词语间的逻辑关系并不严密。汉语组词造句的规律非常简单以至于在过去几千年里汉语根本没有语法，只是到 19 世纪末、20 世纪初，随着西学东渐，在吸收、借用了英语语法的概念后才有了汉语语法，对汉语组词造句的规则作了全新的描述。

2. 英语的语法特征

原本英语属于综合性语言，但是发展到了近代已有了更多分析性语言的特征，因而可以说它是兼有两类语言特征的混合性语言。之所以说英语是综合性语言，是因为它始终保留词语的曲折变化；当语句中含有定语、状语等次要成分时，语序无法成为判断词语间逻辑关系的唯一依据。之所以说英语是分析性语言，是因为英语词语的曲折变化已大大减少，仅保留了动词形式的曲折变化和名词复数形式的变化、形容词以及副词比较级别形式的变化等几种，而且动词形式的变化也减少了，而今仅有四种主要变化形式；除此之外，在没有复杂修饰语的情况下，英语句子中词语的排列顺序和汉语类似，语义的理解完全可依据语序来决定。例如：“I have a clever brother and a lovely sister.”请比较其汉语译句的语序：我有一个聪明伶俐的弟弟和一个清纯可爱的妹妹。对比来说，英语仿佛与分析性语言更为接近。

英语具备汉语所没有的时态、语态、语气以及代词和名词的格、名词的数、形容词和副词的比较级别、动词非谓语形式等语法形式。这些种类繁多的语法表现形式，加之各种各样的词汇手段和五花八门的形连、意连手段，就使英语成了一个结构严密、句句相扣、组织有序、逻辑严谨的表意系统。

3. 汉语与英语的语法差异带来的文化效应

汉语与英语的语法差异所产生的文化效应表现在以下两方面。

（1）对人们的思维方式形成了不同的影响

简单的汉语语法使汉语句式的构成方法比较自由、简易、明快，长此以往，中国人的思维就变得习惯从大处着眼，具有宏观性、综合性、间接性，不过逻辑相对来说比较松散，语义相对来说比较笼统、含蓄，强调整体却容易忽视局部和细节，崇尚言简意赅，总是会借助语境或上下文表达思想、意图、情感，形成了高语境文化的典型特征；而英语的语法则较复杂，句式构成较严密、固定、紧凑，导致英美人的思维喜从小处着手，具有微观性、分析性、直接性，其逻辑相对来说比较严谨，语义相对来说比较精确，强调局部和细节却忽视了整体，尊崇条分缕析，通常通过提供充分的数据、细节、详情和事实来发表见解、论证是非、传达信息或意图、表达情感，逐渐形成了低语境文化的特征。

（2）汉语简易、明快、灵活的语法，尤其是以语序作为重要造句手段的特点，使得汉语的表现形式比英语更活泼、多样

汉语中的回文诗和歇后语就是最为典型的例证。在这里仅以回文诗为例。“回文”是汉语特有的一种修辞手法，它正读倒读都可以成句。而回文诗是一种按照一定法则将字词排列成文，回环往复都可以诵读的诗。它正读为诗，但是倒读、或横读、或斜读、或环读、或交互读，或退一字读，或迭一字读，也都可以成诗，充分利用和展示了汉语以语序为主要造句手段、发音以一字一音为特征和汉语单字的组词能力超强这三大特点，读来回环往复，绵延无尽，给人一种荡气回肠、意兴盎然的美感。尽管也有游戏之作，不过还是可以看出遣词造句的功力。例如：

通体回文诗：

“花开菊白桂争妍，好景留人宜晚天；霞落潭中波漾影，纱笼树色月笼烟。”（湖北省来凤县仙佛寺山门石碑刻诗）

这首诗描绘景色如画，倒过来读，仍是一幅如画的美景：

“烟笼月色树笼纱，影漾波中潭落霞；天晚宜人留景好，妍争桂白菊开花。”

上述表达手法在英语中是很少见的，仅有少量的回文句存在（例如：

“Did Anna say as Anna did?”），这取决于英语的语法或行文特征及其构词特点。

（3）针对语法本身来说，汉语比英语更容易学习掌握

汉语的语法简约、自由，有着非常高的情理性及概括性，缺乏详尽而周全的规则体系进行严格约束，词语之间的语义联系与修饰关系主要依赖语序进行确认，并因此而显得透彻、明晰，句式结构松散、灵活，富于弹性；而英语的语法繁复、呆板，事理性和逻辑性很强，具有详尽而周全的规则体系，句式结构紧凑、固定，相对死板，词语间的语义联系及修饰关系非常严格、紧实，不过有时又非常模糊、不是很明朗，以至于须依赖于语境分析才可以确认。因而，英语语法相对来说比较复杂，学习起来会感觉更困难。

第二节　中英两种语言中习语的差异

中西文化的差异造成习语运用方面存在巨大差异。

习语（Idioms），“即习惯用语”（包惠南、包昂，2004：189），指的是语言中经过各个民族长期运用而形成的相对固定的习惯表达法，汉语又叫作熟语。它们的特征如下：

（1）习语是各民族成员在长期的语言运用过程中经过高度提炼、概括而成的表达法；

（2）习语承载着各民族丰富且厚重的民族传统与文化内涵；

（3）习语的结构严谨、生动活泼、言简意赅、寓意深邃、富含哲理；

（4）习语基本上都蕴含鲜明的形象和丰富的隐喻。

因习语具备上述特征，故成为语言中必不可少的重要组成部分，在很大程度上使语言的表达方式更为充实和丰富，而且使语言的表现力增强了不少，使语言更言之有理、妙趣横生。

习语包括谚语、成语、俗语、格言等；另外，汉语中还有歇后语。其中，成语是数量最庞大的一种习语。而且，汉语中这些习语的分类有时并非绝对的，有很多成语本身就是谚语、格言或俗语；也可以说，有的寓意较经典深刻、结构较严谨简练的谚语、格言、俗语已经演变成汉语成语的组成部分。而英语中的成语、谚语、俗语之间在概念上则基本上是泾渭分明的，彼此之间几乎不会发生交叉。

一、谚语

谚语（Proverbs）指的是“在群众中流传的固定语句，用简单通俗的

话反映出深刻的道理”（汉英双语版现代汉语词典，2002：2215）。谚语主要有两个特点：一是从形式上看，其结构规整、用词讲究，基本都是语义完整的句子；二是语义上看，它通常是揭示比较深刻的道理，包括自然规律、客观真理、人生哲理等内容，涉及领域十分广泛。

（一）汉语谚语

（1）成语中的谚语。汉语成语中包含很多谚语，基本都是五至七字组成的单句和三至七言的对句。这类谚语结构相对来说比较紧凑、规整。

四字成语：狡兔三窟、居安思危、开卷有益、急流勇退、轻生重义、流水无情，等等；五字单句：蚂蚁搬泰山、行行出状元、苛政猛于虎，等等；六字单句：有志不在年高、身教重于言教、求人不如求己、远亲不如近邻、事实胜于雄辩、真金不怕火炼，等等；七字单句：一寸光阴一寸金、一年之计在于春、一个巴掌拍不响、多行不义必自毙、上梁不正下梁歪、众人拾柴火焰高、树欲静而风不止、长江后浪推前浪、强将手下无弱兵、清官难断家务事，等等；八字单句：狗嘴里吐不出象牙，等等；九字单句：跑得了和尚跑不了庙，等等；十字单句：有所不为而后可以有为，等等。

三言对句：玉不琢，不成器；四言对句：金无足赤，人无完人；五言对句：人不可貌相，海不可斗量；六言对句：天有不测风云，人有旦夕祸福；七言对句：画虎画皮难画骨，知人知面不知心。

不规则对句：三人行，必有我师。道不同，不相为谋。

（2）其他谚语，指的是那些结构相对自由、随意、松散，用词比较通俗、形象、易懂的谚语，基本都是由单句或对句构成，另外还偶尔可以看到由三个以上的句式构成的结构，姑且称之为“复句”。例如：

单句：登高望远、利害相连、家和万事兴、笨工出巧匠、君子成人之美、百密总有一疏、酒好不怕巷子深、久病床前无孝子、船到桥头自然直、百样通不如一样精、牛打的江山狗坐殿、孔子面前莫背三字经、皮革越坚硬越容易折裂、聪明人办事会先想困难后想成功。

对句：教不严，师之惰；读万卷书，行万里路；三个臭皮匠，赛过诸葛亮；镜子越擦越明，脑筋越用越灵；酒逢知己千杯少，话不投机半句多；得势的猫儿雄似虎，失势的凤凰不如鸡；多一支铃铛多一声响，多一支蜡烛多一分亮。

复句：龙游浅水遭虾戏，虎落平原被犬欺，豹子下河不如狗，凤凰落地不如鸡。

不规则句：白猫，黑猫，逮住耗子就是好猫；再狡猾的豺狼，也逃不过猎人的眼睛。

（二）英语谚语

英语中的谚语与成语无关。除此而外，它的特点与汉语谚语完全相同，一般都是句式结构完整、蕴含深刻寓意、可以给人以深切启迪的语句。例如：

All work and no play makes Jack a dull boy.（只工作不玩耍，聪明的孩子也变傻/只劳不逸，有害无益。）

People in glass houses shouldn't throw stones.（自己有缺点，别揭他人短。）

（三）汉语和英语谚语语义表达和文化内涵

从汉语谚语出发，就其喻体和喻指来对比与之相对应的英语谚语，思考其间在语义表达上的区别和相同之处。而二者之间表达方式的差异揭示了其不同的文化内涵。

1. 喻体（含部分喻体）和喻指（即字面和寓意）相同或相似的

汉语：	英语：
滴水穿石。	Constant dropping wears the stone.
事实胜于雄辩。	Facts speak louder than words.
情人眼里出西施。	Beauty is in the eye of the beholder.
谋事在人，成事在天。	Man proposes，God disposes.

2. 喻体不同、喻指相同或相似的

汉语：	英语：
老鸦怪猪黑。	The pot calls the kettle black.
远水不解近渴。	While the grass grows the horse starves.
有钱能使鬼推磨。	Money makes the mare go.
人以群分，物以类聚。	Birds of a feather flock together.
冰冻三尺，非一日之寒。	Rome was not built in a day.

3. 喻体相同或相似、喻指不同的

汉语：静如止水。（喻指“心境平和”）

英语：Still waters run deep.（喻指“大智若愚”）

4. 喻体和喻指均不相对应（修辞缺位）的

汉语：鸟尽弓藏，兔死狗烹。（The trusted aides are killed once they have outlived their usefulness.）

英语：You can't teach an old dog new tricks.（老人难以适应新事物。）

注意：下面这组英汉习语的寓意看起来非常相似，但实际上并不是这样。

汉语谚语：亡羊补牢，犹未为晚。（喻指出事后应该及时补救，从而避免重蹈覆辙，有激励意味。）

英语俗语：Lock the stable door after the horse is stolen.（这是说马已被盗，再关厩门为时已晚，喻指贼走后再关门已于事无补。大有"早知如此，何必当初"之义，有讽刺意味。）

二、成语

成语（Set Phrases）指的是"人们长期以来习用的、简洁精辟的定型词组或短句。"（汉英双语版现代汉语词典，2002：247）这些组成相对固定的表达法中，有不少采取了直白的方式，也就是直接通过字面表达语义；不过也有大量的成语表达的却是言外之意，即它们所表达的往往不是其表层结构的含义，而是另有寓意。其组成方式汉语是以四字词组构成的四字成语为主，其结构非常规整、紧凑；而英语则是结构比较自由、随意的各类短语，其中以动词短语为主。从语义上看，成语一般有相对独立的含义，不过大多数不完整。英语成语的语义几乎都不完整；而汉语成语除了一小部分是语义完整的、即相当于单句以外，大部分成语的语义也是不完整的。

（一）汉语和英语成语的构成特点

1. 汉语成语的构成特点

汉语成语主要由四字词组构成，具有形式工整、音律和谐、寓意丰富、极富文采的特点。根据其构成特点可将其分成以下几类：

（1）直述而没有隐喻意义的，指的是从字面即可望文生义的成语：

①结构上相对松散的，也就是其内字词之间无对称、对仗关系的成语，如应运而生（述补关系）、声泪俱下（主谓关系）、时不我待（动宾关系）、海外奇谈（偏正关系）等。

②结构上对仗工整的，还可以分为以下几类型：

A. 前后同义的（联合结构）：穷凶极恶、才疏学浅、颠三倒四、唯唯诺诺等；

B. 前后递进的（偏正结构）：有恃无恐、开怀畅饮、药到病除、探囊取物等；

C. 前后对应的（动宾结构）：文治武功、大呼小叫、温故知新、承上启下等；

D. 前后相反的（主谓结构）：小怯大勇、弃暗投明、深入浅出、隐恶扬善等。

（2）暗指而有隐喻意义的，指的是隐含比喻意义的成语：

坎井之蛙、老骥伏枥、池鱼笼鸟、米珠薪桂、狐假虎威、飞蝇垂蛛、与虎谋皮，等等。

还有很多“非四字成语”。其中，除了少数例外，在语义上基本都不完整，不过又比词组丰富一些；从字数上看，从三字开始，最多通常可达十字；从结构上看不是词组，又不像是句子。暂且叫它们“短语”。例如：

三字短语：忘年交、耳边风、破落户、敲门砖、敲竹杠、莫须有，等等；五字短语：一言以蔽之、功到自然成、温良恭俭让、无敌于天下、唯马首是瞻，等等；六字短语：迅雷不及掩耳、无所不用其极、不可同日而语、可望而不可即、百思不得其解，等等；七字短语：心有余而力不足、有过之而无不及、牵一发而动全身、放之四海而皆准、有百害而无一利，等等；八字短语：知其不可为而为之，等等；九字短语：不以规矩不能成方圆，等等；十字短语：知其然而不知其所以然，等等。

此外，还有的成语也不止四个字，不过基本都是由两个部分构成，并且前后多成并列、递进、对应、对仗关系，虽然大多与骈体相似，但是并不都是骈句，暂且将其叫作“对句”。根据其构成特点进行分类，有几种类型，具体例子如下。

①三言对句

一而再，再而三。千人唱，万人和。（递进）

此一时，彼一时。同甘苦，共患难。（并列）

亲者痛，仇者快。胜不骄，败不馁。（对仗）

尽人事，听天命。求大同，存小异。（对应）

②四言对句

无源之水，无本之木。四体不勤，五谷不分。（并列）

百尺竿头，更进一步。欲加之罪，何患无辞。（递进）

言者无罪，闻者足戒。鞠躬尽瘁，死而后已。（对应）

生于忧患，死于安乐。取其精华，去其糟粕。（对仗）

③五言对句

以小人之心，度君子之腹。爱之欲其生，恶之欲其死。

④六言对句

鸡犬之声相闻，老死不相往来。

⑤七言对句

毋以恶小而为之，勿以善小而不为。

⑥不规则对句

民不畏死，奈何以死惧之。

2. **英语成语的构成特点**

英语成语由各类短语组成，其中最常见的是动词短语；它们构成灵活、形式多样、长短不一：短的只有两个词，长的可达八、九个词甚至更多。典型的成语通常不易从其词面揣测其隐喻意义。例如：

动词短语：made off（离开、逃走）；aid and abet（伙同作案、同谋）；throw good money after bad（继续花钱打水漂）；let the cat out of the bag（泄漏天机、泄露秘密）；

名词短语：the still small voice（良心的呼唤）；the law of the jungle（弱肉强食）；

介词短语：out of place（不得体）；in no way（决不）；not for love nor for money（决不、无论怎样也不）；

形容词短语：free and easy（悠闲、自由自在）；fair and square（光明正大）；

副词短语：not anywhere near（远非、绝不）；first and foremost（首要的是）；

比较结构：as long as your arm（很长），no more than（只有、至多）；等等。

（二）汉语与英语成语语义表达和文化内涵

汉语与英语成语在修辞手法、语义特征和文化内涵上同样存在巨大的差异。

从修辞学的角度来看，汉语成语和英语成语均包括两大类型：未采用修辞手法和采用修辞手法。通常而言，未采用修辞手段的成语基本都是平铺直叙的，语义直白且清晰，而采用了修辞手法的成语则语义相对比较隐晦含蓄，蕴含比较丰富的文化内涵，所以在进行语言和文化对比的时候，通常后者是人们探讨的重点。在采用了修辞手法的成语中，其修辞手段以比喻为主，主要包括两种：明喻和暗喻，另外偶尔也会运用借喻、提喻和比拟、拟人等其他修辞手法。在这里，从汉语成语出发，就成语的语义特征与文化内涵，与其对应的英语成语进行对比。其中，相同或相似的喻指却采用不同的喻体、相同或相似的喻体却表达不同的喻指和修辞缺位现象恰恰是汉英成语文化内涵差异性的直接体现。需要特殊注意的是，有的英语表达法可能并不是纯正的成语，有的还可能是俗语等其他类习语。而且，汉语和英语在表达同一个喻指即寓意时并非一定都采用同一种修辞手段或表达方式：有时汉语采用明喻，与其对应的英语却用的暗喻或直述等。

1. 喻体和喻指（即字面和寓意）相同或相似的

汉语：	英语：
安如磐石	as steady as a rock
随波逐流	go with the tide
命悬一线	hang by a hair/thread
以眼还眼，以牙还牙	an eye for an eye，a tooth for a tooth

2. 喻体仅有部分相同而喻指相同或相似的

汉语：	英语：
如胶似漆	stick to a person like glue
热锅上蚂蚁	(have) ants in the pants

3. 喻体不同、喻指相同或相似的

汉语：	英语：
健壮如牛	as strong as a horse
如坐针毡/热锅上蚂蚁	like a cat on hot bricks
一贫如洗	as poor as a church mouse
热情似火	as keen as mustard
鸦雀无声/守口如瓶	as still/silent as a grave
画蛇添足	gild the lily
鸠占鹊巢	be a dog in the manger
山穷水尽/黔驴技穷	be-at the end of one's rope

4. 喻体相同或相似、喻指不同的

汉语：	英语：
光阴似箭（喻指快速）	as straight as an arrow（喻指“直”）
胆小如鼠（喻指“胆小”）	as quiet as a mouse（喻指“肃静”）

由前述可看出，汉英两种语言的成语中有许多喻体和喻指全部或部分雷同、相似的情况，这是因为不同的民族在类似的生存环境、生活条件或者人生境遇中产生了相似的认知、获取了同类的见识，所以有了彼此类似的思维推理和语言表达。但是特别需要注意的是所谓修辞缺位现象，也就

是相对于一种语言内采用了某种修辞手段的语句，在另一种语言中却没有与之相对应的、表达相同语义并采用了适当修辞手法的语句。例如英语成语“as sure as death（像死亡一样必然发生，即必然的，不可避免的）”在汉语中很难找到与之同义且采用了某种修辞手段的成语；同样，汉语成语“化干戈为玉帛（turn hostility/war into friend ship/peace）”也找不到与之全部或部分对应的英语成语。这种修辞缺位现象正是中西方的文化传统、思维模式以及心理特征有天壤之别的突出反映。

三、格言

格言（Maxims）指的是“言简意赅，可以作为行为准则的语句”（夏竹风，2003：195），具体而言，是形式上高度凝练、内容上规范和指导人们思想行为的、具有激励、警醒以及导向作用的“座右铭”式的警句，属于典型的书面语，具有语义表达的高雅性、审美功能的庄重性及逻辑思维的哲理性。它们有的是从谚语中提炼而来，有的则是直接出自名家之口或者间接引自经典著述。

（一）汉语格言

例如：言必信，行必果（《论语·子路》）；路无尽头，学无止境；工欲善其事，必先利其器（《论语·魏灵公》）；虚心使人进步，骄傲使人落后（毛泽东）；毋以恶小而为之，勿以善小而不为（三国时期的刘备）。

（二）英语格言

Honesty is the best policy.（诚实才是上策。）

You can fool all the people some of the time. and some of the people all the time. but you cannot fool all the people all the time. （Abraham Lincoln）（你可以在有些时候欺骗所有人，也可以一直欺骗有些人，但你不可能一直欺骗所有人。——亚伯拉罕·林肯）

（三）汉语与英语相互对应、彼此一致或相似的格言

在这些彼此相互对应的格言中，有的属于“不谋而合”，有的是两种语言相互吸纳、引进的结果。例如：

Knowledge is power.（Bacon）知识就是力量。（培根）

Actions speak louder than words. 行动胜于言辞/听其言不如观其行。

There's no such thing as a free lunch. 没有免费的午餐/天上不会掉馅饼。

四、俗语

俗语（Colloquialisms）指的是“通俗并广泛流行的定型的语句，简练而形象化，大多数是劳动人民创造出来的，反映人民的生活经验和愿望”（汉英双语版现代汉语词典，2002：1830）。从概念上看，它仿佛与谚语很像，所以有人将它与谚语混为一谈。实际上，既然有谚语和俗语这两个概念，就表示它们之间有差异。具体说来有三种差异：

一是寓意深浅程度不同。相比于具有比较深邃的寓意的谚语来说，俗语的寓意相对较浅薄，有些甚至没有任何寓意。例如“眉头一皱，计上心来”仅是描写人在特定时刻的表情和心理活动。人们运用这类寓意不多的俗语仅仅是为了使自己的表述更加流畅、生动，并没有、也不是想表达什么深刻寓意。

二是语体不同。谚语虽也多为口语体，但其口气略显正式，用词比较文雅；俗语则是纯口语体，口气很不正式，用词更加通俗，有时甚至到了粗俗的地步，例如“放了屁，难用手掩”，表达的寓意与谚语“纸里包不住火”类似，用语却粗俗很多。

三是结构不同。相比于句式、语义完整的谚语，俗语的结构更松散、随意，可以是语义不全的词组、短语，也可以是语义完整的单句、对句；字数少时可少至三字，如“破天荒”，字数多时则多于谚语，可多至二十多字，个别的甚至可达四十字，如“房屋不在堂高，不漏便好；衣服不在绫罗，暖和便好；饮食不在精美，吃饱便好；娶妻不在颜色，贤德便好。”（夏竹风，2003：121）

总的来说，俗语具有语义表达的浅俗性、审美功能的消遣性和形象思维的生动性。在这几方面，谚语介于格言和俗语之间。当谚语的寓意及特征介于格言和俗语之间的临界点时，通常很难分辨其是谚语还是俗语，因为两者间临界交接之处，其实分界线并不清晰。例如“驴唇不对马嘴”“父母在，不远游”等习语，其结构规整，有一定的寓意，也可以将其划入谚语；但是其哲理不深，是具体描述人们的实际境遇、特定行为或者事物外在的非本质特征、非必然属性，通俗性很强，所以将它们归入俗语的范畴为佳。另外，英语中的俗语则更松散，基本都是非正式的、口语化的固定用法，往往没有特殊的寓意，用词和结构也不那么讲究工整和富有韵律感。

（一）汉语俗语

1. 成语中的俗语

有很多汉语成语本身即为俗语，例如三字成语基本上都是由俗语演变而来。汉语俗语基本都是由三至八字的短语或者三言至七言的对句构成。例如：

三字短语：自作孽、苦肉计、父母官、迷魂汤、东道主，等等；四字短语：狗拿耗子、清水衙门，等等；五字短语：一鼻孔出气、病急乱投医、快刀斩乱麻，等等；六字短语：不分青红皂白、不食人间烟火、牛头不对马嘴，等等；七字短语：不看僧面看佛面、不到黄河心不死、偷鸡不着蚀把米、语不惊人死不休，等等；八字短语：无面目见江东父老，等等；九字短语：搬起石头砸自己的脚，等等。

三言对句：一传十，十传百。神不知，鬼不觉。经风雨，见世面。前怕狼，后怕虎。四言对句：一夫当关，万夫莫开。来者不善，善者不来。万事俱备，只欠东风。只可意会，不可言传。五言对句：野火烧不尽，春风吹又生。六言对句：忠臣不事二君，烈女不更二夫。七言对句：欺人之心不可有，防人之心不可无。

不规则句：将在外，君命有所不受。上无片瓦，下无立锥之地。

2. 其他俗语

基本都是由短语、单句、对句或复句构成，例如，短语或单句：问客杀鸡；杀鸡给猴看；不打不成相识；落子无悔大丈夫；一朵鲜花插在牛粪上；船上人向岸上人讨水吃；大丈夫难保妻不贤子不孝；没有比不想听别人说话的人更聋的，等等。

对句：父母在，不远游；饿死事小，失节事大；渡船渡到岸，帮人帮到底；你有千条妙计，我有一定之规；衙门八字朝南开，有理无钱莫进来；劳动是幸福的右手，节约是幸福的左手；爹娘盘算的是金和银，女儿盘算的是人和心；博得人家信任全凭真诚，改正自己错误全凭忠诚。

复句：洞房花烛夜，金榜题名时。一个和尚挑水吃，两个和尚抬水吃，三个和尚没水吃。

不规则句：满堂儿孙，不如半道夫妻；懒沐浴，勤洗足，年纪活到九十六。

（二）英语俗语

英语的俗语指非正式的、口语体的固定说法，多为词组或短语，也有完整的句子。例如：

all my eye（瞎说、胡说八道、岂有此理）

Desperate diseases require desperate remedies.（绝症需猛药。）

（三）汉语和英语俗语语义表达和文化内涵

与汉语俗语对应的英语习语并不都是俗语，实际上有不少应该划入成语、谚语的范畴，反之亦然。此外，有的汉语俗语实际上就是直接从英语习语借用、吸纳而来的。在此，我们拟从汉语俗语出发，就其喻体和喻指来对比与之相对应的英语俗语，有的则是比较通俗的、口语体的成语、谚语，思考其间在语义表达和文化内涵方面的差异。

1. **喻体和喻指（或字面和寓意）相同或相似的**

汉语：	英语：
血肉之躯	flesh and blood（成语）
连锁反应	chain reaction（俗语）
叫狗/吠犬不咬人。	Barking dogs do not bite.（俗语）

2. **喻体不同、喻指相同或相似的**

汉语：	英语：
捋虎须	beard the lion in his den（成语）
小菜一碟	a piece of cake（俗语）
骨瘦如柴	as lean as a rake（成语）
费九牛二虎之力	pull out all the stops（俗语）

3. **喻体相同或相似、喻指不同的**

汉语：	英语：
眼光像夜猫子一样敏锐	as blind as an owl（喻指“眼神极差”）

4. **喻体和喻指均不相对应（修辞缺位）的**

汉语：菩萨面，蝎子心。（There is genial face outside but cruel heart inside.）

英语：There is always room on the top.（越是出类拔萃机会就越多。）

第三节　相关的典故在英汉两种语言中的异同

典故（Allusions）指的是“诗文里引用的古书中的故事或词句”（汉英双语版现代汉语词典，2002：433）。英语中与其对应的英语单词是“allusion”，LDOCE 对它的解释是“something said or written that mentions a subject，person etc. indirectly”。由此可见，英语与汉语对其概念的解释的侧重点不同。

一、汉语典故

汉语典故在结构上常见的是四字成语或四字词组，这种四字成语或四字词组反映出汉语声调特有的节奏感及音乐美，能够提高记忆的效率，使其易于传播。由此，这类四字成语作为被用于记述历史故事和历史人物的一种语言形式，发挥了其传承历史文化的功能。除此之外，还有一些少于或多于四字的词组或短语乃至单句，另有一些则采取对偶短句的形式。大部分典故已经演变成以成语为主的汉语习语。

因汉语典故内涵丰富且言词简练，所以在进行英译时难度较大，通常采取意译，即直接译出其寓意而舍弃其字面形象；有的则采取直译加释义或直译加注的方式。汉语典故从其来源上看，可主要分为如下几类：

1. **历史史实**

例如，图穷匕见（the real intention is revealed in the end）：据《战国策·燕策》记载，战国末期，燕国的太子丹担心强盛的秦国攻打侵占燕国，决定派勇士荆轲到秦国去刺杀秦王。为了取得秦王的信任，燕太子丹让荆轲带去秦王急于得到的秦国叛将樊於期的人头和燕国的地图这两样东西作见面礼。其中，地图里裹着行刺秦王的泡过毒液的匕首。给秦王看地图时，随着地图徐徐展开，匕首现了出来，荆轲抓起匕首向秦王刺去。令他遗憾的是，他没有刺中秦王而以失败和丧命告终。这个典故比喻事情发展到最后真相一定会暴露无遗，最终一定会真相大白。

2. **古典文献**

有的成语典故并不是出于历史史实，而是从古典文献（包括史学、哲学、文学的经典书籍、作品）中的经典名句、名言里抽取、提炼、演化出来，是人们为使用方便所做的精炼概括。例如，鞭长莫及（beyond the reach of one’s power or authority）：出自《左传·宣公十五年》：“古人有言曰：虽鞭之长不及马腹。”比喻力量还达不到。

3. **神话传说**

有的典故源自神话故事、民间传说等。例如，八仙过海（The Eight Immortals cross the ocean each displays their own talent or skill to see who is the best）：道教传说中的八仙是：汉钟离、张果老、吕洞宾、铁拐李、韩湘子、曹国舅、蓝采和、何仙姑。据明代无名氏《八仙过海》：相传八仙过海时不用舟船，各有一套法术，于是各使手段、各显神通。后来喻指各自有一套办法，或各显其能、互相竞赛。

4. **寓言故事**

有的典故取自寓言故事。例如，刻舟求剑（nick the boat to seek the sword—do something in disregard of changed circumstances）：据《吕氏春秋·察今》：楚国有个人过江时把剑掉落水中，于是他在船帮上剑落的地方刻上记号，等船停下，从刻记号的地方下水寻找，结果自然是无法找到。喻指拘泥成例，不知随情况的变化而改变看法、调整对策。

二、英语典故

英语典故与汉语典故有一个很大的区别：在构造形式上，英语典故更自如随意，不太讲究音韵字形之美，除了短语、句子以外，英语的典故往往是单个的词，而在汉语中却没有单字的典故；就其来源年代来说，汉语多源自古代经典或者史实，近代的很少，当代的则几乎没有，而英语典故则更富有活力，除了古代的经典以外，取自近代甚至当代经典与史实的典故也占了很大的比例。很多英语典故也像汉语典故一样演变成各类习语。此外，其来源的领域与汉语典故也非常相似，基本都是源自以下几个主要方面。

1. **历史事件包括当代史实**

cross the Rubicon（渡过鲁比肯河）：公元前49年，罗马执政庞贝和元老院共谋进攻凯撒。当时凯撒的领地和意大利本部交界处有条小河，即鲁比肯河。凯撒不顾一切，悍然率领军队渡过此河并将渡河船只统统烧毁以绝后路，激发将士与庞贝决战。此语喻指为生存、发展或取得胜利而决定冒重大危险、采取断然决然的行动。

2. **宗教经典**

西方人最尊崇的宗教经典当属《圣经》，它也成为习语和典故的重要来源。《圣经》是英语的两大源流之一的原因就是英语中的大量习语、典故来自《圣经》，来自其中的基督教教义、传说、故事等。例如，Noah sark（诺亚方舟）：诺亚是基督教《圣经》的神话中虚构的洪水灭世后人类的新始祖。据《圣经》中的“创世纪”记载，上帝见远古人类堕落败坏而决定降洪水以灭世，于是命令诺亚造了一个方舟，他的全家和一切动物也各留一对进入方舟内而得以生存下来。喻指避难所。

3. **莎翁戏剧**

因莎士比亚戏剧是英语的另一大源流，故英语中的许多习语、典故也直接取自莎翁的戏剧。例如，it is Greek to me（他讲的是希腊话）：语出莎士比亚剧本《裘力斯·凯撒》，喻指“一点不理解、一窍不通”之义。

4. **古代经典**

英语中的很多来自古代的经典作品的典故，尤其是古希腊和古罗马神话，还包括各种民间传说、寓言故事和各时期著名文学戏剧大师的经典作品。例如，a dog in the manger（狗站马槽/占着茅坑不拉屎的人）：出自《伊索寓言》（Aesop's Fables），说的是一条狗躺在堆满稻草的马槽里，狗是不吃草的动物，而当马或牛一走进稻草时，这条狗却朝着马、牛狂吠，不准食草动物享用。其寓意是讽刺那些占据职位或占有物质条件却不做事的人。

5. **当代经典**

英语典故还有一些源自现代、当代的各类经典，包括文学、影视等。例如，Catch. 22（第二十二条军规）：源自美国小说家约瑟夫·海勒的一本著名的同名小说，号称“黑色幽默”小说，描写第二次世界大战期间一个名叫约萨里安的上尉军官在其轰炸机中队指挥官发狂胡来的情况下如何想方设法争取活着回家。所谓“第二十二条军规”规定的是：一个士兵只有在精神上不适宜参加战斗的情况下方可提出解除战斗任务的要求；而任何害怕打仗、企图逃避战斗的士兵在精神上显然十分健全，所以必须参加战斗。虽然这个规定其实不存在，却束缚着士兵们。喻指一切不合情理、自相矛盾、扭曲人性、使人遭受双重束缚而进退两难的规章制度。

三、英语与汉语中相似或共通的典故

英语和汉语中还有一些其喻体、喻指彼此都相似甚至完全相同的典故。其中有一些纯属巧合；而另外一些则原本就是一个典故，是共同引入或彼此相互吸纳使然。

（一）巧合的典故

破釜沉舟（bum one's boats）：汉语的这则典故恰好与英语的一则情节相似、史实迥异的典故巧合，两者的寓意完全一样：采取不留后路的行动，表示勇往直前、志在必得的坚定信念与决心。

汉语指的是：战国时期，项羽率兵与秦国军队打仗，过河后命令部下凿沉渡船，砸破饭锅，携带三日的干粮，以示为胜利必死的决心，背水一战、志在必得。

英语指的是：公元前49年，罗马执政庞贝与元老院共谋进攻恺撒。当时恺撒的领地与意大利交界处有一条名为鲁比肯河的小河。恺撒率军渡过河去准备与敌军决一死战。为断绝本军后路、逼士卒奋勇向前，恺撒将渡河用过的船只统统烧毁。于是，士兵只能勇往直前，最后战胜了敌人。

（二）共同吸收或相互吸纳的典故

火中取栗（pull chestnuts out of the fire）：此汉语典故和英语典故实际上都直接取自法国拉·封丹寓言：一只猴子和一只猫看见炉火中烤着栗子，猴子叫猫去偷，猫用爪子从火中取出几个栗子，为此把自己脚上的毛烧掉了，而栗子却都被猴子吃掉了。喻指冒风险为别人出力，自己却上了大当、一无所得。

第四节　汉语流行语与中国英语

一、汉语流行语

现代汉语流行语（Popular Modern-Chinese Sayings）指的是在汉语语言中十分流行的时髦用语。这些词语通常是中国人所特有的、具有典型中国文化特征的概念和表达方式，有的甚至难以在英语中找到与之对应的概念或表达方式，属于典型的语义缺位现象。所以，这类汉语词语应如何用英语表达，是需要进行仔细研究的。其中多数词语即便可以译成英语，也几乎是英美人不用的表达方式，却成为“中国英语”的重要组成部分。

这类汉语词语中包括“龙”“凤”二字，它们在过去和现在都一直广为用之。“龙”字在过去至今的很长的一段时期里，都被译为“dragon”。但近些年来该译法遭到了不少专家学者的质疑。“龙”是中华民族乃至中国文化的象征，中国人自诩为“龙的传人”，因为这种世间并不存在、纯属想象中的神奇动物在古老的中国文化中是神圣和吉祥的动物，数千年来被广大中国人顶礼膜拜。但是英语中的“dragon”在英美文化中指的却是邪恶的有翼怪物，其外形丑陋，身躯庞大笨拙，颜色是黑灰色的，长着巨大的翅膀，口中吐火，吞噬人和动物，显然是邪恶和恐怖的化身，与中国龙的形象差之千里；此外还有“凶暴的人、悍妇”等含义。所以，“dragon”一词在英语中是个贬义词，与汉语的“龙”完全相反。

再来说“凤”，这个词也与“Phoenix”相混译。“Phoenix”是西方神话中的“长生鸟”，据说这种鸟可以活数百年，然后自焚为灰后可以再生。但是它并不为广大西方人所崇拜。20 世纪初，诗人郭沫若将“Phoenix”

的传说移植、嫁接于凤凰，创作出了著名自由体诗《凤凰涅槃》。从此，中国凤凰有了“涅槃”“再生”，也就是“自我更新”的神性。但是，在“Phoenix”引入中国之前，中国古代传说中的凤凰就已经具备有“向阳、达天、秉德、兆瑞、成王”等神性，其在人民心目中的地位与“龙”不相上下，都为广大中国人民所顶礼膜拜的神圣、吉祥至极的图腾、神灵和偶像。而这一切正是“Phoenix”所不具备的。由此可以看出，西方的“Phoenix”与中国的“凤”之间也存在巨大差异。所以有人建议，在将“龙”英译为“Loong”的同时，也将“凤”英译为“Feng”，将其全称“凤凰”英译为“FengHuang”，与“Loong”一起作为新创词语进入英语词汇（庞进，2006）。

更典型的中国现代流行语是改革开放以来应运而生的大量新词和时髦词语，其中也有一些汉语新词则直接来自英语词语的英译或意译。这些新词语或当代流行词语可分为以下几类：

（1）来源于政治思想、意识形态的，例如，精神产品：literary and artistic works；物质文明和精神文明：material and ideological civilizations；政治文明：political civilization；和谐社会：harmonious community or society，等等。

（2）来源于经济、政治体制改革的，例如，定位：to orientate or evaluate；转型：to change the original model or pattern；擦边球：a line ball；an action narrowly observing a rule or law；胡子工程：unduly long project，等等。

（3）来源于新技术的，例如，数码相机：digital camera；液晶电视：LCD（Liquid Crystal Display Television；视频聊天：video-chatting on the net；鼠标：mouse；菜单：menu，等等。

（4）来源于生活方式的，例如，二人世界：between the two lovers；快餐：fast food；玩家：hobby lovers，等等。

（5）来源于社会丑恶现象的，例如，第三者（插足）：a third partner in a marriage；人渣：social dregs；flotsam；a bit of shit；杀手：killer，等等。

（6）来源于英语音译的，例如，粉丝：fans；派对：party；贴士：tips；酷：cool，等等。

（7）来源于英语意译的，例如，蓝牙：Bluetooth；超市：supermarket；购物城/购物中心：shopping mall，等等。

二、中国英语

现代流行语中除了有一些直接来自英语的音译（如“粉丝”）以外，这些新词语中还有很大一部分有着浓郁的中国特色，在英语中缺乏其等值词，只能用语义近似的词语或干脆创造新词来表示，如“钉子户”等。越来越多的中国式表达法进入英语中，并正在对英语产生巨大的影响。一些语言学者已经断言，这些随着改革开放的不断深入而大量涌现的新词语，加上反映中国文化传统、中华民族特色的词语，在汉英两个民族和两种语言的交往中渐渐渗透到英语语言中，形成了与美国英语、新西兰英语、印度英语、新加坡英语等区域性英语语言变体比肩的中国英语。

中国英语是英语的一种区域性变体，是全球一体化、文化大融合的必然产物，所以它与中国式英语不同。所谓中国式英语（Chinglish），指的是“中国的英语学习和使用者由于受母语干扰和影响，硬套汉语规则和习惯，在英语交际中出现的不合规范或不合英语习惯的畸形英语”（李文中，1993）。很明显，前者应该进行研究和发展，后者却是要努力避免和摒弃的。可能现在谈论作为英语区域性变体的“中国英语”还有点儿早，不过具有典型中国特色或风格的中国英语的确已存在，而且还在不断发展，作为一种语言变体正日渐形成。随着中国改革开放的不断深入以及经济建设的迅猛发展，随着中国国力的不断增强和对外影响的持续扩大，富有中国特色的词语及表达方式将会越来越多地进入英语中，中国英语一定会成长为英语中的重要力量。

第四章　翻译中文化翻译基本理论

翻译作为集各种学科特点于一身的综合性学科，在长期的社会实践中已形成了自己独立的体系，有自己的一套理论、原则和具体方法。本章将主要介绍文化翻译的基本理论，阐述文化翻译的原则与实践手段、翻译过程中的标准法则和译者的能力要求。

第一节　翻译中文化翻译的原则与实践手段

一、基本原则

对于翻译这门学科来说，有些学者认为翻译是没有固定规范的，是一种实践活动，既然是一种活动，自然也就不要有所谓的指导原则。这些人认为翻译就像所有活动一样，只要敢于尝试和练习，任何一项活动都能学有所成。

有人认为翻译是一种纯粹的实践活动，所以不需要所谓的原则指导，因此提出了“译学无成规”。根据此说法，一些人把翻译比作游泳。认为在游泳中学会游泳最重要的一点就是敢于尝试。然而，大部分人始终认为翻译有它自身的理论原则，即“翻译是一门科学”，由金缇和奈达（Eugene A. Nida）合编的《论翻译》（On Translation）中提出，“实际上每一个人的翻译实践都有一些原则指导，区别于自觉和不自觉，在于那些原则是否符合客观规律”。由此可知，翻译原则作为指导翻译实践的科学依据，是客观存在的。同理，在掌握了游泳的方法和原则的前提下学习游泳，则会掌握得更好更快。所以，人们基本赞同的是上述的第二种观点，即翻译有客观原则可循。

18 世纪 90 年代，英国翻译家特勒（Alexander Fraser Taylor，1747—1814 年）在他的著作《论翻译的原则》（Essay on the Principles of Translation）中提出了翻译的三条原则：

（1）译文应完全复写出原作的思想。

（2）译文的风格和笔调应与原文的性质相同。

（3）译文应和原作同样流畅。

我国清代翻译家严复于1898年在《天演论》“译例言”中提出了著名的“信、达、雅”三条标准，就是指译文要忠实于原著，表达通顺流畅，文字典雅。这三条标准和泰特勒的三大原则类似。不过，后人对其中“雅”的观点上提出了异议。到了20世纪80年代，张培基先生在《英汉翻译教程》中依据“信、达、雅”把翻译的标准概括为“忠实、通顺”四个字。所谓忠实，“首先指忠于原作的内容，保持原作的风格”。所谓通顺，“即指译文必须通俗易懂，符合规范”。目前，“忠实、通顺”是我国翻译界公认的翻译原则。

现代信息传递理论的不断发展，使得人们对翻译的性质有了更深的认识。奈达在《语言·文化·翻译》中深入阐释了“功能对等”理论，更加重视文化因素在翻译中的作用。要想使文化在翻译中获得与语言同等的地位，就要把文化看作是一个符号系统。因此，翻译不单单是语言的，更是文化的。进一步来讲，翻译是伴随文化交流而产生的，主要的任务就是把一种民族文化传播到另一种民族文化当中。在两种不同文化的交流中，翻译充当着桥梁的作用，即翻译是跨文化的传通。因此，根据翻译的性质和任务，从跨文化交流的角度把翻译原则归结为文化再现（culture reappearance）。

文化再现，首先指再现原语的文化特色。鲁迅先生曾提出：翻译必须“保存着原作的丰姿”。深入理解这句话就是，译者需要尽可能忠实地把原语文化再现给译语读者，不可以随意抹杀和损害原语民族的文化色彩，要最大可能地保持原语文化的完整性和一致性。

其次，文化再现还指再现原语文化气息。根据现代信息传递理论，信息科学从广义上讲是研究符号的表达与转换。从语言文化的角度研究，语言（符号）是文化（信息）的载体。由于语言与文化之间存在相互依存的关系，所以，语言翻译不只是两种语言的转换，同时也是两种文化信息之间的转换。事实上，翻译过程就是信息传递的过程。因此，译者在翻译时要注意不拘泥于原文的字面意思，要深刻理解原文所承载的文化信息，并且在译文中得到再现。

例如：

It was Friday and soon they'd go out and get drunk。

译文：星期五发薪日子到了，他们马上就会出去喝得酩酊大醉。

如果翻译成“星期五到了，他们……”，看似通顺、忠实，可读者读起来会感到迷惑，会产生他们为什么到星期五就会出去买醉的困惑。所以译者要意识到其中存在的文化差异，使Friday一词在特定的语境中所承载的信息得以确切地理解和传递。原来在英国星期五是发薪水的日子，因此这里不妨将 Friday 具体化，使文化信息一目了然，跃然纸上。（《中国翻译》1996 年第 2 期）

概括来讲，文化再现的翻译原则体现了翻译的性质和任务，译者应时刻牢记，翻译的要达到的真正目标是通过语际转换再现源语文化，其实质是为了交流文化信息。翻译如果只是简单的实现语际转换上的忠实和通顺，而没有再现出源语文化信息，那么就失去了翻译的意义。

二、基本方法

语言与文化之间是相互依存的关系，语言翻译不仅是两种语言的转换，同时也是两种文化信息之间的转换，而这两种文化信息间的转换又是靠两种语言的转换来实现的。如何处理好两种语言文化之间的差异，在语言的转换中再现源语文化信息，就成了译者面临的一个难题。然而，令译者更为头痛的是不同文化之间存在的不同差异。因此，怎样处理好两种语言间的文化差异成了翻译中存在的关键问题。下面是处理跨文化差异的几种翻译方法。

（一）直译法

直译法指的是用译语中的“对应”词译出原语中的文化信息。这种方法能够最大可能保留源语文化特征，开阔译语读者的文化视野，从而起到促进两种文化间的交流的作用。

例 4-1-1：

不要失了你的时了！你自己只觉得中了一相公，就“癞蛤蟆想吃天鹅肉”来！（吴敬梓《儒林外史》）

译文：“Don't be a fool!” he roared, “Just passing one examination has turned your head completely—you're like a toad trying to swallow a swan!”（Yang Xianyi 译）

原文中的“癞蛤蟆想吃天鹅肉”是一个形象的比喻，根据字面直译西方人不会认为难以理解。而如果译成“to do what is impossible”，才使得译文完全丧失了原文的风姿，显得味如鸡肋。也使得译文读者不可能享受到汉语中这一脍炙人口的谚语，同时，译者也没有尽到介绍中国文化的职责。

例 4-1-2：

“他一家子在这儿，他的房子、地在这儿，他跑？跑了和尚跑不了庙。”（周立波《暴风骤雨》）

译文："Escape? But his home and property can't escape。'The monk may run away，but the temple can't run with him!'"

俗语"跑得了和尚跑不了庙"使用的是直译法，这样既保存了原语中的形象，又能够转达原语的文化信息。

例 4-1-3：

And since that time it is eleven years；

For then she could stand high-lone；nay，by th'rood，

She could have run and waddled all about；(Shakespear)

译文一：

算来也有十一年啦；后来好就慢慢地会一个人站得直挺挺的，还会摇呀摇的到处乱跑……（朱生豪　译）

译文二：

是啊，自从那天起，就糊里糊涂过了十一年。对啦，断奶那天她就会站着，不，都跑了，东倒西歪的一会儿都不消停。(曹禺　译)

译文三：

从那天到现在已十一年了；

那时她已经会站着了；是啊，凭着十字架起誓，

她已经会跑了，到处蹒跚着走；(曹未风　译)

这是选自莎士比亚名剧《罗密欧与朱丽叶》(Romeo and Juliet) 中的一段话。原文中的短语 by th'rood 即 swear by th'rood，意思是"对着十字架起誓"。基督教是西方的主要宗教信仰，耶稣被钉死在十字架上，十字架是基督教信仰的标志。由此可见，by th'rood 带有浓厚的西方基督教文化色彩。三种译文中，译文一和译文二略去了这个有宗教文化含义的短语，只有译文三直译出了这个短语，再现了原语的宗教文化特征。

（二）转换法

不同的民族，因其历史文化、风俗习惯、生活地域及宗教信仰等有所不同，所以对同一事物在认识上也存在差异。某些事物在一种语言文化里具有丰富的内涵和外延并且能够带来美好的联想，而在另一种语言文化里却平淡无奇，没有显现出其文化意义。针对这种文化的个性和差异进行翻译时需要变通处理，即把原语中带有文化色彩的词语（物象）转换成译语中带有同等文化色彩的词语（物象）。此译法多用于习语和比喻性词语的翻译。

例如：

(1) as strong as a horse　力大如牛

英国古代以马耕为主。英国人对马有着深厚的情感，因此在英美文化中，马是勤劳和吃苦耐劳的象征。而中国自古以来主要依靠牛耕，且牛秉性勤劳忠厚，故此自然形成了中国人对牛的热爱和赞誉。所以英语中“as strong as a horse”，按照汉语的喻体则是“力大如牛”。

同类例子还有：

lead a dog's life 过牛马不如的生活

laugh off one's head 笑掉牙齿

as hungry as a bear 饿得像狼

kill the goose that lays the golden eggs 杀鸡取卵

as scared as a rabbit 胆小如鼠

like a duck to water 如鱼得水

（2）亚洲四小龙　four Asian tigers

“龙”字在汉语中具有非常重要的文化意义，是“高贵、神圣、吉祥”的象征。而英语中的对应词 dragon 的文化意义是“怪物、魔鬼、凶残”，象征着凶恶和残暴。而英语中的 tiger 一词却有与汉语“龙”相同的文化象征，所以“亚洲四小龙”译成英文应转换喻体。

同样的译例：

挥金如土　spend money like water

胆小如鼠　as timid as a rabbit

打草惊蛇　wake a sleeping dog

牛饮　drink like a fish

拍马屁　kiss sb's ass

热锅上的蚂蚁　like a cat on hot bricks

像只落汤鸡　like a drowned rat

综上可看出，地域、文化和思维等的不同，造成了不同民族观察认识事物的角度和方式也不相同。尤其是都具有比喻意义的习语，能够让人产生联想，但这种比喻和联想是由各民族的现实环境和社会状况所决定的。同一概念，因民族文化的不同，因此英汉习惯用不同的动物做比喻，而同一动物，英汉民族又有不同的联想。在进行翻译时，若一味追求保留原文的表达方式，则必然会使译文让目标读者产生难以理解的感受，从而影响对原语信息的传达。因此，在翻译时译者应该根据不同文化背景的不同表达习惯，运用转换的方法来表达相同或相似的比喻意义，进而传递原语文化内涵及交际意义。

（三）译注法

原文出现的一些历史事件、人物、典故往往都具有一定的文化色彩。译者在遇到这些词语时可以先直译，再在此基础上采用增词和加注等方法予以解释或说明文化背景。这样不仅可以保留原文的文化色彩，同时也有利于读者对原文的理解。

1. 增词

（1）The staff member folded like an accordion.

译文：这个工作人员就像合拢起来的手风琴似的——不吭声了。

（2）At home and abroad there is a strong dissenting view that sees the treaty as a new Munich.（New York Times）

译文：国内外一致提出强烈异议，认为该条约是一项新的慕尼黑阴谋协定。

（3）三个臭皮匠，顶一个诸葛亮

译文：Three cobblers with their wits combined equal Chukeh Liang, the master mind.

“诸葛亮”是中国历史上的著名人物，在中国人民的心目中是智慧的象征，但由于英语读者并不知道他是什么人，所以译文中增加了 with their wits combined 和 the master mind，充分再现了原语的文化信息。

同样，“班门弄斧”应译为：show off proficiency with axe before Lu Ban，the master carpenter.

2. 注释

（1）Of twelve adults adept at polysyllabic discourse who were polled recently，only three declared they could say February correctly，that is to pronounce the first as well as the second r... So February，not April，is the cruelest month. Thank Heaven it's now March.（New York Times）

译文：最近一次民意测验表明，在十二位擅长多音节词发音的成年人当中，只有三个声称可以正确地读出“二月”（February）一词，即能够发好第一个和第二个 r 音……因此，应该说最残酷的月份是二月而不是四月。谢天谢地这会儿已到了三月。（《中国翻译》1997 年第 1 期）

注释：出自艾略特的长诗《荒原》中的开篇诗行：“四月是最残酷的月份……”原诗描述了四月对万物产生近于残酷的催生作用，此处为典故活用。

（2）All this will not be finished in the first one hundred days. Nor will it be finished in the first one thousand days, nor in the life of this Administration, nor even perhaps in our lifetime on this planet. (John F. Kennedy)

译文：所有这一切都不会在第一个一百天内完成，也不会在第一个一千天内完成，不会在本届政府任期内完成，甚至也许不会在我们这一辈子完成。(《中国翻译》1997 年第 1 期)

注释：原指富兰克林·罗斯福总统执政后推行“新政”的第一个一百天。

(3) 然后岫烟也钓着了一个，随将竿子仍旧递给探春，探春才递与宝玉。宝玉道：“我是要做姜太公的。”便走下石矶，坐在池边钓起来，岂知那水里的鱼看见人影儿，都射到别处去了。(《红楼梦》第八十一回)

译文：When Hsiu-yen had followed suit and returned the rod to Tan-chun, she handed it to Pao-yun. “I'm going to fish like Chiang Tai Kung,” he announced as he walked down the stone steps and sat down by the pool. But his reflection frightened the fish away. (Yang Xianyi and Gladys Yang 译)

“姜太公钓鱼，愿者上钩”是一个典故。为了让读者了解这一典故的文化蕴意，译者对“姜太公”加了脚注：Chiang Shang of the eleventh century B. C. was said to fish by the Weishui River (present Shensi), hold a line with no hook or bait, three feet above the water, and saying at the same time, “Whoever is ordained, come and take the bait.”

(四) 意译法

许多情况下，由于两种语言的表达方式和文化背景迥异，原语中带有文化色彩的词语在译语中没有完全相对应的词语来表达，且译注法和转换法也不能传达其文化意义。这时，只有采用意译法来表达。所谓意译是指舍去原语的语言形式和字面含义，在译语中，用跨文化的“对等”词表达出原语的文化信息。必须指出，这种跨文化的“对等”严格上讲只是文化意义上的相似。这就不可避免地会在一定程度上造成原语文化意象的缺损。

例如：

(1) “芹儿呀，你便狠狠地说他一顿……还打发个人到水月庵，说老爷的谕：除了上坟烧纸，若有本家爷们到他那里去，不许接待。……”(《红楼梦》第九十四回)

译文：As for Chin, you must give him a good talking to... And send word to Water Moon Convent that, on the master's orders, they're not to receive young gentlemen from our house except when: they go to sacrifice at one of the grave there..."(Yang Xianyi and Gladys Yang 译)

"烧纸"是东方人祭祀亡灵的一个特殊文化习俗。英语词 sacrifice 可以表达类似的含义。这里如果将"烧纸"直译成"burn pieces of paper",就会失去其"祭祀"的文化特征。

(2)这不是打落水狗么?三先生欠公道,薛宝珠有什么功劳,升她?(茅盾《子夜》)

译文:"Why, that's Kicking a man when he's down! It's not fair and what's Hsuch Pao-chu done that she should be promoted?" (Hsu Meng-hsiang 译)

对中国人来说,狗是一种令人讨厌的动物。汉语中常用狗比喻坏人,如"狗头军师""狗腿子"等。而西方人眼中的狗是非常可爱的动物,是忠实的象征。由于这种文化概念的差异,如果把"打落水狗"直译成 hitting a dog when he falls in water,西方读者则不会把狗与某类人联系起来,反而会认为人类太残酷无情了。

(3)It is a Greek gift to you.

译文:这是图谋害你的礼物。

"Greek gift"出自希腊神话中希腊人智取特洛伊城的"木马计",其意思是"图谋害人"。假如把这句话照字面译成"这是给你的希腊礼物",就会使文化含义丧失殆尽,汉语读者也无法理解。

(4)It was another one of those Catch-22 situations, you're damned if you do and you're damned if you don't.

译文:这真是又一个左右为难的尴尬局面,做也倒霉,不做也倒霉。

此句中的"catch-22"是一个文学典故,出自美国当代小说家海勒(Joseph Heller)的小说《第二十二条军规》。因此,Catch-22 具有较强的文化意义,如果直译为"第二十二条军规",中国读者就会不知所云,不如意译为"左右为难的尴尬局面"。

(五)音译法

一些原语文化中特有的物象在译语中是"空白"或"空缺"。这时只能采用音译法把这些特有的事物移植到译语中去。这不仅保存了原语文化的"异国情调",又可吸收外来语,丰富译语语言文化。

例如:

(1)"狗不理"包子是我国天津市一种有着百年历史的风味小吃。清光绪年间，在天津侯家后有家包子摊，摊主叫高贵友，乳名“狗子”。他蒸的包子味美价廉，顾客付钱后，自取包子，掌柜对其他概不理睬。日久天长，人们笑他：“狗子卖包子，一概不理”，传来传去传成“狗不理”了。因此高家包子摊虽然命名“德聚号”，却知者甚少，“狗不理”倒成了包子摊的名号。“狗不理”包子的特点是小磨香油、上等酱油、高汤调馅，同时还根据不同季节，改变肥瘦肉的配合比例。每个包子都掐十七八褶，匀称美观。目前“狗不理”包子已在全国许多旅游城市设立分店，并远销国外。

在美国旧金山有一家饭馆。饭馆的英文菜单上，周末早午餐部分写着“狗不理”包子，其英文名是“Dog won't leave 狗不离包子”，正是意思狗不理主人，符合中文原来的含义，实乃妙译。（《中国翻译》1992 年第 1 期）

然而，我们却认为这个译名不妙，与中文名含义相差甚远。包子和饺子同属我国特有的传统食物，具有丰富的中国文化内涵。西方饮食文化中对“包子”的认识为空白，所以只能采取“音译”的方法。而且“狗不理”不是如陈中绳先生在《汉英词语翻译漫谈》一书中解释的那样：但是好些同志听了却不以为然，说 Dog won't leave”不成了“狗不离”了吗？可汉语却明明是“狗不理”呀！可是我总认为译作“Dog won't leave”并无不可：从狗对其主人的态度来说，尝到了包子的滋味儿之后，连主人唤它也不理了；但是从狗对包子的态度着眼，则是离不开包子，主人走了它理也不理——还待在包子店里不肯离开。这样看来，当然可译“Dog won't leave”了。这是译文的反面（或侧面）着笔吗？

“狗不理”与狗没有任何联系，实际上是包子的品牌名称，也只能音译。“狗不理”包子的英文名应为：Goubuli Baozi。

类似的译例还有：

孔子　Confucius（“孔夫子”音译）

风水　Fengshui

叩头　kowtow

功夫　kongfu

炕　kang

阴阳　Yin and yang

再如：人参 Ginseng，麻将 Mahjong，舢板 Sampan，丝绸 Silk（源于中文的“丝”），太极或太极拳 Tai-chi（chuan），台风 Typhoon 等。

（2）People considered that what he had played on that occasion was no more than a Judas kiss.

译文：人们认为他在那种场合所表演的不过是犹大之吻。

英语中的 Judas kiss 出自圣经故事。犹大是耶稣门徒之一，据《新约》记载，他为三十块银币出卖了耶稣。他与耶稣亲吻，以此让罗马人认出耶稣。《新英汉词典》将 Judas kiss 译为“奸诈，口蜜腹剑，阴险的背叛”。这样意译的确无错，但平淡无奇，失去了原语文化色彩，不如半音半意将其译成“犹大之吻”，保留了原语宗教文化的生动形象。

类似的例子还有：

Achilles' heel　阿基里斯的脚踵（唯一致命弱点）

Trojan horse　特洛伊木马（阴谋诡计）

meet one's Waterloo　遭遇滑铁卢（一败涂地）

a Penelope's web　珀涅罗珀的织物（永远完不成的工作）

a Pandora's box　潘多拉盒子（表示灾难、麻烦、祸害的根源）

再如：hamburger 汉堡包，golf 高尔夫球，jazz 爵士乐，sauna 桑拿浴，ballet 芭蕾舞，cool 酷，hacker 黑客，e-mail 电子邮件，AIDS 艾滋病，clone 克隆，salad 色拉等。

三、译者的跨文化素养

（一）译者应提高对文化的敏感性和自觉性

传统的翻译观把翻译的重点放在语言方面。译者的注意力都集中在词语、短语、句子的翻译上，而忽视了文化方面所造成的问题。目前这一状况有所改善。翻译界已认识到翻译中的文化问题比语言问题更重要。因此，译者应改变旧的翻译观念，提高对文化的敏感性，自觉把注意力放在文化方面，灵活处理两种文化之间的差异。

（二）译者应成为文化的传播者

翻译作为语际间的交际，不仅仅只是语言的转换过程，更是文化交流的过程，译者是这个过程的中心环节。译者的职责和最高原则是忠实于原作，再现原作的文化内涵，从而实现文化交流。从这种意义上来讲，译者应成为文化的传播者。例如《红楼梦》是一部带有浓厚的中国传统文化色彩的古典小说，目前通行有两个完整的英译本，一本是霍克斯的 Story of stone，另一本是杨宪益夫妇的 A Dream of Red Mansions。毫无疑问，这两个版本都是获得了巨大成功的。但是经过对两个译本对比研究后发现，杨译本在对文化内容的翻译上优于霍译本。杨译本更忠实于原作，更好地传播了中国文化。

（三）翻译工作者必须是一个真正的文化人

这是王佐良教授对译者提出的要求。由于翻译涉及两种语言文化，且它们之间存在着种种差异，这就要求译者必须精通两种语言文化。

奈达对语言文化的特征进行分析总结后，给译者划定了必备的文化知识框架：（1）生态学（Ecology）；（2）物质文化（Material culture）；（3）社会文化（Social culture）；（4）宗教文化（Religious culture）；（5）语言文化（Linguistic culture），十分清晰地告诉我们，翻译中存在的文化问题所涉及的范围非常广泛，内容也非常丰富。因此人们经常会说，翻译是一门杂学，“杂”实际上是指文化的庞杂。所以要求译者要不断地丰富自己的文化知识，触类旁通。只有具备扎实的文化功底，译者才能够肩负起跨文化交流的重任，成为“一个真正的文化人”。

第二节 翻译过程中的标准法则

一、翻译的标准

（一）有关翻译标准的重要观点

翻译标准是翻译理论的核心，它既是指导翻译活动的原则，又是衡量翻译成果的尺度。古今中外，不少名流大家对翻译标准提出了自己的真知灼见，对翻译标准下的定义十分丰富，对翻译标准的论述非常广泛。然而，能集百家之言，为翻译确立一个折中的标准，或者确立一个放之四海而皆准的标准，可以说尚未真正建立。历史上有不少翻译名家提出的翻译标准在翻译史上产生过相当大的影响，但仍然不能一统天下，长盛不衰。随着历史的演变，社会的发展，尤其是不同文化交流的加深和共享，翻译的标准逐步成为一个动态的因子。一方面，这为翻译理论研究带来一定的困难，但另一方面，也带来了翻译理论研究的繁荣。

早在三国时期，支谦在翻译《法句经序》时就提出了翻译标准：“当令易晓，勿失厥义”，意即翻译出来的东西一定要让人容易懂，而不要失掉原文固有的意义。他说：诸佛典皆在天竺。天竺言语，与汉异音。云其书为天书，语为天语。名物不同，传实不易。唯昔兰调、安侯、世高、都尉、弗调，译胡为汉，审得其体，斯以难继。后之传者，虽不能密，犹尚贵其实，粗得大趣。始者，维祇难出自天竺，以黄武三年，来适武昌。仆从受此五百偈本，请其同道竺将炎为译。将炎虽善天竺语，未备晓汉。其所传言，或得胡语，或以义出音，近于质直。仆初嫌其词不雅。维千氏难曰："佛言，依其义不用饰，取其法不以严。其传经者，当令易晓，勿失厥义，是则为善。"座中成曰："老子称：'美言不信，信言不美。'仲尼亦云：'书不尽言，言不尽意。'明圣人意，深邃无极。今传胡义，实宜径达。"是以自偈受译人口，因循本旨，不加文饰。译所不解，则厥不传，故有脱失，多不出者。然此虽词朴而旨深，文约而义博。后来钱钟书先生做过考证，认为严复在翻译《天演论》时提出翻译之信、达、雅即由此而生。

汉唐时期，我国佛经翻译家鸠摩罗什和玄奘从大量的佛经翻译实践中积累了丰富的经验，提出了翻译标准，为后世的翻译标准研究提供了参考。鸠摩罗什处在当时的骈体文发展时期，要求文章讲究对仗，因此译文亦遵守此规则，十分讲究。他提出"依实出华"，什么样的种子开什么样的花。可以说鸠摩罗什首开意译之先河，强调翻译佛经时可根据具体情况有增有损，这和另一位佛经翻译家安世高提倡的直译形成对比。例如，有一句话安世高直译为"天见人，人见天"，鸠摩罗什的弟子就认为译文实在不美，应意译为"人天交接，两得相见"。玄奘则吸收直译意译之所长，在佛经翻译中将二者很好地结合起来，主张"既需求真，翠需喻俗"。也就是说，译文既要通俗易懂，人人明白，又要忠实于原文，万变不离其宗。玄奘在佛经翻译中运用直译意译手法可以说是炉火纯青，其译文流畅明白，鲜有晦涩而生误之词句，为佛经的传诵做出了卓越贡献。

新学时期，我国第一位用西洋语法研究中国古汉语语法的人名叫马建忠。此人撰写了我国第一部文言语法书《马氏文通》。他曾上书光绪，奏请建立翻译书院。其在奏章《拟设翻译书院议》中提出"善译"的翻译标准，基本意思有三层：第一，译文要适如其所译而止；第二，无毫发出入于其间；第三，使阅者所得之益与原文无异。也就是说，翻译时不能够随意发挥，译文一定要忠实于原文，尤其是要保持原文的思想和风格，以及体现的价值。

新文化运动先驱鲁迅先生既是讨伐封建制度的勇士，又是思想的领航者，还是外国文化的传播者。他极力主张采用直译的方法，提出"宁信而不顺"的原则，认为翻译必须兼顾两面，一要通俗易懂，二要保存原作的风格。

文学巨匠茅盾对翻译标准也有精彩的论述：与其失其神韵而保持形貌，不如保持其神韵而失其形貌。而与鲁迅同时代的著名作家和翻译家林语堂先生也提出，翻译应遵循"忠实的标准、美的标准"。

综观各家各派对翻译的标准，还是主要集中在直译和意译上。可以认为，标准的实质不仅要求译者忠实原文，而且要求译文符合通俗易懂的规范，只不过是因人而异，因事而异，各有侧重罢了。傅雷在谈及文学翻译时也认为，文学翻译的标准应当和艺术品的要求一致，不求形似，而求神似。他说："愚对译事看法实甚简单：重神似不重形似；译文必须为纯粹之中文，既无生硬拗口之病，又须能朗朗上口，求音节和谐。"而钱钟书先生干脆用一个"化"字为文学翻译确立了一个翻译标准的境界："把作品从一国文字转变成另一国文字，既能不因语文习惯的差异而露出生硬牵强的痕迹，又能完全保存原有的风味，那就算得入于'化境'。"他强调译文应与原文一样，既传递原文思想，保留其风格，又出神入化，不见雕琢，自然隽永。关于在翻译时如何做，傅雷先生又说："我们在翻译的时候，通常是胆子太小，迁就原文字面、原文句法的时候太多。"他主张"要精读熟读原文，把原文的意义、神韵全部抓住了，才能放大胆子。"举个例子：《傲慢与偏见》第四章里先是提到伊丽莎白对彬格莱家姐妹没多大好感，但接下去话锋一转：They were in fact very fine ladies：not deficient in good humour when they were pleased，nor in the power of being agreeable when they chose it，but proud and conceited. 这段话如果直译，可以译作："事实上，她们都是非常好的小姐；在她们高兴的时候，不是不会谈笑风生；在她们愿意的时候，也不是不会待人和颜悦色；不过她们傲慢自大。"

《傲慢与偏见》的译者王科一先生的译文是："事实上，他们都是些非常好的小姐；她们并不是不会谈笑风生，问题是要碰到她们高兴的时候；她们也不是不会待人和颜悦色，问题在于她们是否乐意这样做；可惜的是，她们一味骄傲自大。"王先生的翻译遵循的就是傅雷先生的原则。从这个例子，我们可以理解"神"和"化"的含义。

翻译终归是不同文字的转换，正如古希腊哲学家赫拉克利特所说："人不能两次踏入同一条河流。"对于两种文字及其文化的理解和掌握，亦不可能用等号连接起来。即使是同一文化背景下的人，对于语言文化的接收和理解也存在差异。所以，近年来，有人提出翻译的"最佳近似度"标准，认为翻译的目标是达到最佳近似度。人们曾在一个课题中探究过产生语言差异的根本原因，以及语言学习之所以有规律可循的核心原因，提出了"语言意识趋近"的观点：一方面，语言意识趋近，不等于语言意识同化，从认知角度理解，它体现出一种积极性，从终极目的上看，它解释了在语言活动中人们的完美追求；另一方面，外来意识的东西是可以通过一定的手段接收和处理的。及至翻译，解释了在原作和译作之间出现的差异，使翻译的可接受程度有合情合理的理论支撑。

翻译的标准虽然因人而异，始终处于动态的发展，但是，语言核心的共同性使翻译必定有一定的规律可循，翻译的标准会有相对的普遍性和稳定性。历史上，不少翻译家为翻译所确立的标准在一定时期、一定阶段或一定的历史背景下产生了广泛的影响，并为我国翻译事业的发展和繁荣做出了贡献。

1. 严复的“信、达、雅”及其评判

研究翻译不研究严复，犹如到北京不登长城。好学之人，耳濡目染，多少都知道“信、达、雅”。可以肯定地说，严复的翻译及其翻译标准，对中国的翻译产生了深远的影响，在中国翻译史上具有里程碑的意义。

严复（1854—1921年），初名传初，易名宗光，字又陵，后又更名复，字几道，晚号愈壁老人，福建侯官（今福州）人，是近代著名的启蒙思想家，我国近代第一个系统介绍西方学术名著的翻译家。他出生于中医世家，十几岁时入福州船政学堂学习，接触西文和科学，开阔了视野和胸怀。23岁被派往英国留学，不仅博学数理化科学知识，且对西方的政治体制也十分感兴趣，对西学有很深的了解和研究。1879年学成归国，被聘为船政学堂教员，时年仅26岁。其后被李鸿章调至天津，担任北洋水师学堂总教习。当时，严复无论在西学还是中学方面都具有极高的造诣，堪称一流。然而，他始终想通过走科举的道路来施展自己的才能。在1885—1893年8年间，严复参加了四次乡试均未中第。连续的失败使他看到，科举制度的腐败，同时也深感走科举之路是行不通了。于是，便专心于时务，积极传播西学。

1895年，甲午战争中国战败，对严复刺激很大，他下定决心致力于翻译，以开启民智。他在北京开办“俄文馆”，参与创办“通艺学堂”，为维新运动培养人才。

1896年，严复所译赫胥黎的《天演论》（Evolution and Ethics）正式出版，轰动一时，在当时的学术界、思想界产生极大的反响。书中宣扬的“物竞天择，适者生存”思想，成为中国进步知识分子与封建顽固派斗争的思想武器。同时，使中国知识界在思想认识和意识形态上获得了一次极大飞跃。吴汝纶、康有为包括鲁迅等名人对《天演论》给予了很高的评价。鲁迅说他自己是“一有空闲，就照例地吃侉饼、花生米、辣椒，看《天演论》”，从中接受进化论的思想。在其后的十几年间，严复的翻译事业达到了顶峰，先后翻译出版了一系列学术名著，诸如斯宾塞的《群学肆言》、亚当·斯密的《原富》、甄克思的《社会通诠》、约翰·穆勒的《穆勒名学》《群己权界论》、耶方斯的《名学浅说》和孟德斯鸠的《法意》

等，对当时的社会产生了极大的影响。严复的这些学术名著不仅在当时的学术界、思想界为人们带来一股清新的打开西方社会大门的微风，开阔了人们的视野，散播了西学和西方社会的思想，同时，他的译作文笔优美，遣词古雅，还被人们视为翻译之典范，奉为译作经典来传诵。从严复所译学术名著，不难看出严复的爱国之心和强国之理想。甲午战争的失败让严复看到偌大一个中国的软弱，从心底里想激发国人自强不息和争胜的思想。尤其是早年在英国看到西方工业之强盛，更激发了他传播西学、启迪民众之心。严复一生翻译学术著作170多万字，写有按语17万字，其中流露出“与天争胜”“自强保种”“人定胜天”的思想，可以说已成为国人自强不息的启蒙思想。严复晚年思想保守，“五四”时期又极力反对白话文运动，于1921年10月27日卒于福州。

严复“信、达、雅”翻译标准的提出，可以肯定地说，来自严复对翻译实践经验的总结和提炼。《英汉大词典》的编撰者陆谷孙说过，如果一个人没有百万字的翻译实践就免谈翻译理论。作为一流的学者，严复不仅是一位翻译家，也是一位翻译理论家。其“信、达、雅”从作品的思想、语言和风格方面，准确地为翻译确立了实践的标准。这一标准的确立，为后来的翻译理论研究和翻译实践产生了巨大影响，备受推崇，至今仍然指导着我国的翻译实践。严复认为，翻译之境界在于“信、达、雅”的统一。“信”，即忠实于原著；“达”，就是译文通顺畅达，这两者为翻译的基本要求。除此之外，译文尚需追求“雅”。关于“雅”的解释，严复引用《论语》的“言之无文，行之不远”来表达，当指文采。严复不少译著采用意译，过于追求“古雅”，致使不少后来人因“雅”而对严复的“信、达、雅”产生歧义。就连鲁迅先生也说，严复的译文“桐城气息十足，连字的平仄也都留心，摇头晃脑地读起来，真是音调铿锵，使人不自觉其头晕”。

其实，严复在“译事三难”中引用《易经》的“修辞立诚”、《论语》中的“辞达而已”和“言之无文，行之不远”，说明此三者乃“文章正轨”“译事楷模”，缺一不可。著名学者黄源深教授曾应邀到西南科技大学外国语学院讲学，对于译者有没有自己的风格，他的回答是肯定的。作为一流的学者和翻译家，严复的译著不可能没有自己的鲜明风格。一方面，他从小饱读四书五经，身体里流淌着中华民族五千年灿烂文化的血液；另一方面，他在英国钻研西学，受工业文明的影响，心中涌动着西方文明的思潮。他的翻译既要传播学术思想启蒙国人，又必然带有他学者的风范和那个时代文化的烙印。他的译文古雅雕琢，文言文味十足，显示出其充分的古文功底。试看《天演论》开篇这段文字的翻译：

赫胥黎独处一室之中，在英伦之南，背山而面野。槛外诸境，历历如在几下。乃悬想二千年前，当罗马大将恺彻未到时，此间有何景物。计惟有天造草昧，人功未施，其借征入境者，不过几处荒坟，散见坡陀起伏间。而灌木丛林，蒙茸山麓，未经删治如今者，则无疑也。怒生之草，交加之藤，势如争长相雄，各据一手不壤土，夏与畏日争，冬与严霜争，四时之内，飘风怒吹，或西发西洋，或东起北海，旁午交扇，无时而息。上有鸟兽之践啄，下有蚁蝝之啮伤，憔悴孤虚，旋生旋灭，菀枯顷刻，莫可究详。是离离者亦各尽天能，以自存种族而已。数亩之内，战事炽然，强者后亡，弱者先绝，年年岁岁，偏有留遗，未知始自何年，更不知止于何代。苟人事不施于其间，则莽莽榛榛，长此互相吞并，混逐蔓延而已，而诘之者谁耶！

又如："But there is vast and fundamental difference between bee society and human society. In the former the members of the society are each organically predestined to the performance of one particular class of functions only. If they were endowed with desires, each could desire to perform none but those offices for which its organization specially fits it; and which, in view of the good of the whole, it is proper it should do. So long as a new queen does not make her appearance, rivalries and competition are absent from the bee polity."

严复将这段文字译为："然则人虫之间，卒无以异乎？曰：有。鸟兽昆虫之于群，因生而受形，爪翼牙角，各守其能，可一而不可二，如彼蜜蜂然。雌者雄者，一受其成形，则器与体俱，嫥嫥然趋为一职，以毕其生，以效能于其群而已矣，又乌知其余！假有知识，则知识此一而已矣；假有嗜欲，亦嗜欲此一而已矣。何则？形定故也。"

第一段文字之美意，跃然纸上。而第二段文字的"雅"似乎完全由严复写作而成，而非翻译。由于严复主张"用汉以前的字法、句法"，故译文又不免深奥难懂，在一定程度上制约了西学思想的传播，其"信、达、雅"的标准在后来的学者心目中也打了折扣。在这一点上，应当用辩证唯物主义的观点来分析和评价。严复强调翻译中"信、达、雅"三者缺一不可，虽译事艰难，但还须首先求其"信"，保证原文的思想能够"忠实"地得到传递；只求忠实，而不能"畅达"，则译文难以符合语言规范，也体现不了文人的学术风范。忠实、畅达是基础，是前提，在此基础上，译文尚需"文采"，正所谓"文如其人"，"雅"也因人而异。可以说，这三者相互关联，互为前提和基础，又出其左右而统于一体，不偏不倚，将翻译的思想、语言和风格有机结合在一起，相映生辉，对翻译之事做出了非常全面的概括。

就翻译标准而论，严复的翻译标准可以说达到了一个无人能及的境地。无论是对“信、达、雅”推崇备至的人，还是其反对者，“信、达、雅”产生的影响都是极其深远的。18 世纪英国著名翻译家泰特勒提出的翻译三原则和严复的翻译标准如出一辙：①译文应完全复写出原文的思想；②译文的格调应与原文的性质相同；③译文应与原文同样畅达。

平心而论，谈翻译标准的人，几乎没有不以严复的翻译标准做参照的。要么加以批判地诠释，赋予“信、达、雅”新意；要么从中受到启发而立新论，求发展，但基本上没有超越忠实、通顺、文雅三个要素的。

翻译界前辈刘重德吸收中西方翻译理论之精华，提出“信、达、切”的翻译原则。他将“雅”字改用“切”，是因为他认为“雅”字实际上只不过是风格中的一种，和“雅”相对立的，就有“粗犷”或“豪放”。“粗犷”和“文雅”显然是不同的两种文体，翻译时不能一味要求“雅”。而“切”是一个中性词，适用于各种不同的风格。他说：“所谓切，就是要切合原文风格，理由是原作风格有雅俗之分，人物对话也有雅俗之分，一律雅之，显属不妥。一篇文章或一部文学作品的思想内容、语言表达和风格的特点是一个完整的统一体，而文学翻译也必须是其完整的统一体的如实再现。”

沈苏儒在《论“信、达、雅”》一文中指出：“继承和沿用某种传统理论，不断赋予新的含义，这是生活中常见的事。譬如‘德、智、体’三育，至少在半个世纪前，即我在上小学的时候就知道了。现在我们也还是提倡‘德、智、体’全面发展，当然其内涵和我上小学时已大大不同了。因此，在没有产生更深刻、更全面、更简明、更富于实践指导意义的新翻译理论以前，我们沿用‘信、达、雅’并赋予新的意义，我以为也是可以的。有人担心一提‘信、达、雅’就意味着要译者摇头晃脑地去写桐城派古文。我看不必要，因为我们现在一提‘德、智、体’，大家都知道是要培养下一代具有共产主义道德，而不必担心会使人误解为提倡封建或资产阶级‘道德’的。”批评严复的人总是在其“雅”上做文章，如果因为严复的“雅”而不承认其在翻译理论方面的实用价值，则多少有唯心主义的倾向。其实，严复将“雅”用作翻译的一个标准十分准确，只因其个人在特定的语言方面的修养和造诣而形成的一种文化领域的现象，我们就片面地加以理解和否定，实在是不公。试想，除了用他擅长的古雅的文体来翻译，他还能翻译成什么样？何况当时在语言的价值观上主张用白话的人和不主张用白话的人都认为；语言分为雅文（文言文）和俗语（白话文）两种，雅文是真正的文学语言，是可以登大雅之堂的“美文”，俗语则是写给普通老百姓看的。学术界普遍有“雅俗”之分。胡适在《五十年来中国之文学》中说：“严复用古文译书，正如前清官僚戴着红顶子演说，很能抬高译书的身价，故能使当时的古文大家认为。锓锓与晚周诸子相上下。”我们只要用发展的眼光来看待“信、达、雅”，就依然可以感受到严复对翻译的指导意义。

对“信、达、雅”的推崇，并非阳春白雪，曲高和寡。彭卓吾在《翻译理论与实践》一书中谈道：“信、达、雅”的精华就在于这三个词用词精当，选词准确，简洁明了，言简意赅，具有准确性、鲜明性和生动性；精华之处还在于这三个词主次得当，请看，在这三者之中，信最重要，它是基础，所以放在第一位，其次是达，再其次是雅，主次分明，轻重有序。他把信、达、雅的实质描绘得非常准确。

100 多年来，严复的“信、达、雅”翻译标准在中国翻译实践和理论建设上产生了重大影响，不少人因此投石问路，在此基础上建树颇丰，为中国翻译事业的发展奠定了坚实的基础。

2. 林纾的翻译及“林译小说”的历史地位

近代维新派代表人物康有为曾说：“译才并世数严（复）林（纾）。”林纾是我国近代著名的文学家和翻译家，一生创作颇丰，除了诗歌、散文、小说，留在近代文学史上的主要业绩就是其丰富的文学翻译作品，他成为我国近代翻译西方小说的第一人。

林纾（1852—1924 年），幼名群玉（亦名秉辉），后字琴南，号畏庐，自号冷红生，福建闽县（今福州）人。林纾出生在一个小商人家庭，家境较贫寒。他年幼好学，13 岁至 20 岁期间校阅书籍 2000 卷之多。31 岁中举，结识李宗言，借阅李家藏书三四万卷。正可谓“读书破万卷，下笔如有神”，这为林纾后来的文学之路打下了良好的基础。1897 年，林纾夫人刘琼姿病逝，对其打击很大。第二年，林纾去马江散心，经魏翰介绍，与精通法文的王寿昌合译《巴黎茶花女遗事》。他原本借翻译此书排遣内心的亡妻之痛，不想此书译出后获得极大成功，从此与翻译结缘，一发不可收拾。此后，他与王寿昌、魏易、陈家麟、曾宗巩、严璩等人合作，先后翻译了 160 多部外国小说，涉及 11 个国家 98 个作家的作品。林纾不懂外文，凭借其深厚的语言功底和细腻的洞察力、理解力，将一大批外国名著译得栩栩如生。其中，小仲马的《巴黎茶花女遗事》（1899 年）、斯托夫人的《黑奴吁天录》（1901 年）、《伊索寓言》（1903 年）、司各特的《撒克逊劫后英雄略》（1905 年）、笛福的《鲁滨孙漂流记》（1906 年）、狄更斯的《块肉余生述》（今译《大卫·科波菲尔》1908 年），十分具有代表性。

林纾生活的时代，正是中国历史上的维新变革时期。甲午战争的战败，对林纾刺激很大，虽然他和翻译结缘有一定的偶然性，但是骨子里涌动着一股爱国热情的他最终走上外国文学的翻译之路也有其必然性。他与妻子刘琼姿感情甚笃，失妻后内心之痛与小说《巴黎茶花女遗事》产生共鸣，加之借题发挥，译风飘逸哀婉、清新隽永，大受欢迎。同时，一大批外国小说，尤其是批判现实主义的小说很能抒发胸臆，使其翻译一发不可收拾。在 20 多年间，林纾共译出 180 多种作品，其翻译速度之快，绝无仅有。口译者“述其词”，他“耳受而手追之，声已笔止”“不加点窜，脱手成篇”。不仅如此，林纾所涉猎的翻译作品之广，也无人能及。正是通过他的翻译，人们才接触到了法国的大仲马、小仲马、雨果，英国的莎士比亚、狄更斯、司各特、斯威夫特，美国的斯托夫人、华盛顿·欧文，俄国的托尔斯泰，挪威的易卜生，西班牙的塞万提斯等这些伟大的作家和他们的优秀文学作品。

“林译小说”在中国的翻译史上已经成为一个专有名词。林纾不懂外文，却翻译出大量的文学作品，对中国文学的发展产生了极大的影响，这是一个值得人们思考和研究的现象。林纾的译著，对鲁迅、郭沫若、周作人、冰心这样的一大批现代文学名家的创作和翻译都产生过积极的影响。林纾的翻译全部同合作者完成，前后达 19 人之多。林纾的成就，与他的合作者密不可分。一方面，这些合作者在不同语种、不同文学领域广泛涉猎，是林纾翻译的口译者；另一方面，这些人对原著的理解和口译表达具有很高的水平，保证了“林译小说”较好地体现原著的风格。当然，“林译小说”的选择权也就掌握在这些人手中。最具典型的代表人物包括：王寿昌——“林译小说”《巴黎茶花女遗事》的口译者；魏易——“林译小说”《块肉余生述》《黑奴吁天录》《撒克逊劫后英雄略》《滑稽外史》《剑底鸳鸯》《孝女耐儿传》《拊掌录》等的口译者；陈家麟——“林译小说”中托尔斯泰、莎士比亚的大部分小说的口译者。当然也出现了这样的结果：这些人通外语，但对外国文学没有专门的研究，不十分了解欧美作家的文学作品的地位和价值，故“林译小说”中许多作品都是名不见经传的三流作家的作品，这大大影响了“林译小说”的历史地位和艺术价值。同时，也使得林纾的辛勤劳动没能为中国文学宝库增添更多外国文学巨著。然而，不能否认的是林纾的口译者和他本人一道在中国翻译史上留下了浓墨重彩的一笔，成了中国人了解西方社会文化、道德价值观念的精神财富。

不仅如此，“林译小说”开阔了中国人的生活视野和艺术视野，为中国打开了了解外国文学的一扇窗。从中，人们不仅了解到世界各地的自然风光、风土人情，西方社会的物质文明和精神文明，最具意义的是，人们对外国的文学艺术有了正确的认识。中国向来以灿烂悠久的历史文化而自豪，一向以有司马迁、李白、杜甫等的作品和《红楼梦》的大成自傲。西方社会在当时的国人眼里多是工业革命带来的枪炮一类冷冰冰的东西和自然科学的东西，何谈士大夫的儒风道骨。林纾的翻译使国人如沐春风，清神润肺；同时，还为中国的文人学者带来了新思想、新观念，使他们了解到外国文学作品在内容、形式、结构、语言和表现手法上的超然卓越之处，大大拓宽了作家文人的艺术视野。再有，“林译小说”琳琅满目，题材特别广泛，包括爱情、家庭、社会、历史、冒险、神怪、侦探、伦理、军事、实业、讽刺、政治等题材，这在一定程度上扩展了小说的题材，也向国内介绍了西方小说的流派和创作方法，具有很好的借鉴意义。钱钟书先生在《林纾的翻译》中说：“接触了林译，我才知道西洋小说会那么迷人。我把林译里哈葛德、欧文、司各特、狄更斯的作品津津不厌地阅览。假如我当时学习英文有什么自己意识到的动机，其中之一就是有一天能够痛痛快快地读遍哈葛德以及旁人的探险小说。”由此可见“林译小说”对我国近现代文学产生的深远影响。

（二）翻译的一般标准

翻译理论研究的一个焦点问题就是要寻求一个最佳的翻译标准，作为翻译实践的指针。在中国翻译史上，关于标准的讨论和争论从未停止过，为什么会这样呢？一方面，翻译是一种语言活动，是用一种语言传递另一种语言的思想活动，既然是活动，就一定要有规则，有规则，就必然有好坏、层次之分；另一方面，语言是思想的载体，思想的丰富性和差异性又带来语言的复杂性，使语言的表达风格各异，自然难以有统一的标准。但是，事实上，在翻译实践中人们又确实遵循一定的语言游戏规则来实现不同语言之间文化信息的传递，这种规则就是一种标准，它为人们处理翻译过程中出现的各种问题提供了依靠的法则。

翻译标准是一个复杂的体系，不能简单地用几个词语来高度概括，它不仅涉及原作所产生的时代背景、社会习俗、宗教等因素，涉及原作者的文化修养、性格、写作特点、风格、人品；同时，还与译者的文化背景、价值取向、语言能力等密切相关。不仅如此，在翻译过程中还有许多难以预料的影响因素，还要受到时间的检验。对于翻译，不一定非要寻求一个标准，但可以遵循一些原则，或规律；不一定非要强调对译品认识的统一性，而可以更加放眼于译品的可接受性，或合理性。正如有人撰文指出，既然有一个标准，那么就一定有最好的标准（最高标准）和一般的标准（最低标准），那么介于最好和一般之间又是什么标准呢？如果最好的标准用100%来衡量，一般标准用60%来衡量，那是不是就有70%的标准，或80%的标准，或90%的标准，甚至91%、92%的标准？其实，人们之所以要努力寻找一个标准，其原因还在于单向性或定向性的思维方法。人们习惯于形式逻辑推理，习惯于认为一件事物不是甲就是乙，习惯于任何问题答案只有一个。对“天下一致而百虑，同归而殊途”的言训，往往只做片面的理解，只看重“一致”“同归”，对“百虑”“殊途”则斥为异端。

例如，在对东西方文化差异进行比较分析时，习惯将以下几种方式对应来进行比较。静止与运动、和平与斗争、平均与非平均、直觉思维与逻辑思维、模糊与精确、整体与个体、性善与性恶、人治与法治等。这种高度概括的比较方法，一方面是比较研究的依赖基础，但另一方面又无法认识到个体的独特性和差异性。正如在价值观方面，东方人并不一定都是群体取向，而西方人也不一定都是以个人为中心。所以说，以定向性的思维为出发点来寻找标准是我国难以寻找到一条绝对实用的标准的原因。

毫无疑问，翻译不会有绝对实用的标准。那么，有没有一般的标准呢？教育部批准实施的《高等学校英语专业英语教学大纲》对四级翻译的要求是：能独立完成课程中的翻译练习，译文要忠实于原文，且表达要流畅。八级的翻译要求是：通过运用翻译的理论和技巧，将英美报刊上的文章以及文学原著译成汉语，或是将我国的报刊、杂志上的文章和一般文学作品译成英语，速度为每小时250～300个英文单词。译文要求忠实原意，语言流畅。能担任一般外事活动的口译。

可以肯定地说，“忠实”“流畅”是检验英语专业学生翻译能力的一个标准。这个标准要求学生的译品既要较好地传递出原著的思想内容，又要用符合汉语语言规范的句法译得通顺。一直以来，翻译界都将“忠实”“流畅”作为翻译的基本准则或基本要求。过去，不少人有“忠实”“通顺”的提法。在忠实和通顺之外，还要做到译文的语体与原作一致，即体现出原作的风格来。

翻译家杨绛先生依照难度、甜度的说法创造了“翻译度”。翻译度大而有信则达，亦不失为人们依照的一条准则。《名利场》中有这样一个句子，说一个死者是：Who is a good Christian，a good parent，child，wife or husband.

翻译家杨绛先生将一个good译得绚丽多彩：……虔诚的教徒，慈爱的父母，孝顺的女儿，贤良的妻子，尽职的丈夫。

当然，这个“度”是多是少，是过还是不及，可以用“化”来衡量。同样是这段话，荣如德先生在其新译（书名改译为《花花世界》）里，是这样翻译的：死者果真是个虔诚的基督徒，一位好父亲，好母亲，好女儿，好妻子或好丈夫。荣先生的译文平实无华，也是把握了一个“度”。

根据著者对翻译的探索和实践，对翻译的一般标准有如下认识：所谓翻译标准，就是在通过一定的语言活动传递不同文化信息的过程中需要遵循的规则。这些规则使人们能够追求并努力保持译品和原著在内容、形式和风格上的完美趋近。

当然，翻译标准也非这段文字就能评判的。实践是检验真理的唯一标准。翻译标准不单存在于翻译家、翻译理论家、评论家手中，更存在于广大读者心中。翻译作品，只有经得起时间的检验，才能够成为上乘的佳品，才能够成为文化传播和交流中的经典而永不衰朽。

二、翻译的过程

（一）理解阶段

理解主要是围绕原文的上下文来进行，译者必须从上下文的关系中探求正确的译法，所谓上下文可以指一个句子、一个段落，也可以是指一节、一章乃至全文或全书。在深刻理解原文的基础上进行准确的翻译是翻译的基础。为了透彻理解原文，必须注意理解所译原文的语言现象（词汇的含义、句法结构和惯用法），理解原文与上下文的逻辑关系以及理解原文所涉及的事物。例如：

（1）All these items are in stock and are ready for immediate shipment.

有人把整个句子误译为“所有的东西都在股市并且随时可以运走。”这是因为他没有根据上下文去理解“stock”的词义。多义词“stock”既可作“股票”解，又可作“存货”解，在字典上还有很多其他含义，在这作“存货”解。因此，该句译为“所有品种均有现货，即可装运”。

（2）Love me，love my dog.

有人把这句误译为“爱我，爱我的狗”。这是因为他只是直译了句子，而不知道英语与汉语的一些惯用法和习语的翻译方法。这句根据英语与汉语的对等，译为“爱屋及乌”。

（3）He is the last man to do the job.

这句话字面意思是“他是最后一个做这个工作的人”。根据实际情况，仔细推敲之后，更合乎逻辑的译文为“他是最不适合做这个工作的人”。

（4）The carpets made in our factory are beautiful and magnificent for the novel designs and elegant colors.

这句话告诉我们句中涉及的“地毯”因“色彩和图案”而“美丽和富丽”。在翻译时，仔细琢磨后译为“我厂生产的地毯图案新颖、色调雅致、美丽大方、富丽堂皇。”

以上例子告诉人们在动手翻译之前，首先要读懂原文，不要急于落笔。要厘清所要翻译的句子在段落中与其他句子之间的语法和逻辑关系，分析原文中的词汇、结构及习惯用法。

（二）表达阶段

表达阶段就是译者把对原文内容的理解用另一种语言重新表达出来。对原文理解的深度和对译文语言的修养程度直接决定了表达得好坏。由此可知，理解是前提，表达是关键，是理解之后的结果，但正确的理解也并非意味着一定能够表达的正确。在表达上还有很多具体的方法和技巧。这些具体的方法和技巧将在后面的章节分别加以探讨。这里我们先介绍一下直译法和意译法。

1. 直译

直译（literal translation，or metaphrase）就是在译文语言条件许可的情况下，在译品中既保持原文的思想内容，又尽可能保持与原文语言形式相对应的形式。用一分为二与合二为一的观点来考察，则应得出如下结论：直译与意译是两种缺一不可、交替使用的方法，适合直译就采用直译，适合意译就采用意译；原文语言形式包括词序、语序、修辞方法、比喻、形象和民族地方色彩等。

例 4-2-1：I received her letter with both surprise and excitement.

译文：我收到她的信又惊又喜。

例 4-2-2：When launching the Second World War，Hitler was armed to teeth.

当发动第二次世界大战时，希特勒是武装到牙齿的。

例 4-2-3：Wholesale tea prices have almost doubled.

译文：茶叶批发价几乎已翻了一番。

直译法的基础是语言的共性。一般说来，

译文的语言形成与原文语言形式完全对等或几乎对等的现象是客观存在的，因此遇到这种情况就尽可能采取直译的方法。不能简单地说直译一定比意译好，只能说在不同情况下，使用不同的译法有不同的益处。直译法的好处体现在以下几个方面：（1）有助于不同文化之间的交流，引进外来文化；（2）有助于保存原作的格调，保存原作的风姿；（3）有助于从国外引进新鲜的词语、生动表达法，从而丰富本民族的语言。

例 4-2-4：For John，to disclose his long-held privacy means to strike the heel of Achilles.

译文：对约翰来说，要揭开他长期的隐私意味着攻击阿基里斯的脚踵。

例 4-2-5：To kill two birds with one stone.

译文：一石二鸟。（比较：一箭双雕，一举两得）

例 4-2-6：To pour oil on fire.

译文：火上浇油。

以上几个例子均采用了直译的方法，在忠实于原文思想内容的同时，保持了原文的语言形式和语言特色。

2. **意译**

意译（liberal translation，or free translation，or paraphrase）是指当原文的思想内容与译文语言的表达形式有矛盾而不宜采用直译法处理时，从意义出发，采用不同的语言形式进行翻译，重在保存原文的思想内容。意译不注重原作形式，主要从意义出发，只要求将原文意思表达出来，不注意细节，译文自然流畅即可，但不得删改内容，添枝加叶。

也有翻译原文一句话，采用两种办法相结合的，即部分直译，部分意译。对于怎样合理的选用直译与意译，主要是依据：一是根据中外两种语言文化的异同所提供的可能来判断；二是根据不同的读者选择不同的译文标准来决定。各民族语言中的词汇、句法结构和表达方式都不尽相同，当译语与原语形式上发生矛盾时，往往需要借助意译来解决矛盾。在翻译过程中不必拘泥于原文的语言形式。凡从事翻译实践的人都有这样的经验与体会。

例 4-2-7：All things are difficult before they are easy.

译文：万事开头难。

例 4-2-8：Don't cross the bridge till you get to it.

译文：不必过早担心。

例 4-2-9：It's once in a blue moon to be able to watch the Comet dragging its tail so close to the earth.

译文：能够看到拖着大尾巴的彗星距地球那么近是千载难逢的事。

意译法来自语言上的差异。在很多情况下，原文的语言形式与同样思想内容的译文语言形式不完全对等。如果翻译时勉强使语言形式完全对等，内容含义既不忠实于原文，又不符合译文语言的表达习惯，读起来就不通顺流畅。

翻译中出现的很多问题，都具有相对性，不能绝对化，在这一点上，中外传统译论是有差别的。如外国译论研究“等值”“等效”“对等”，亦即原文与译文无论在内容、形式还是在风格、效果等方面，都可以画等号，把两者的关系绝对化。奈达说："所谓翻译，是指从语义到文体在译语中用最切近最自然的对等语再现原语的信息。"

例 4-2-10：The medicine has brought some relief to me.

译文：这药减轻了我的痛苦。

例 4-2-11：But no one forces you to go to sea. It gets in your blood.

译文：但是谁也没有强迫你出海，是你心甘情愿嘛。

例 4-2-12：They don't know their right hand from their left.

译文：他们什么也不知道。

上述的例子均采用的是意译的方法。若以上这些情况采用直译的方法，虽说可以保存原文手法，但读者感受不好；有时译文读者不易接受，不容易理解这种从语义到文体包括句式的"对等语"（注意它前面还有两个"最贴近最自然"的修饰词），可能在西方各国语言中容易找到。

根据上面的例子可以知道，直译是尽可能地保持原作的表达形式，尽量使用原文的词语、结构和比喻，因为做了一些必要的调整，所以文字比较通顺，意思较为清楚，可接受性较好，读者也能得到大致相同的感受。但有时使用直译，会导致翻译效果不佳，寓意不明确，读者接受苦难，最后的结果就是得不到与原作大体相同的感受。这部分直译是失败的翻译，属于"死译"范畴。因此，当直译达不到翻译的效果时，意译成为唯一的解决办法。通过意译表达原意的方法，读者较为容易接受，而且容易达到相似的感受，属于"活译"的范畴。所以在具体的翻译过程中，要注意灵活运用。不论是意译还是直译，只要符合"忠实、通顺"的翻译原则，就是可取的。

（三）审核阶段

审核阶段是理解与表达的进一步深化，是进一步核实原文内容以及对译文语言进行推敲的阶段。译者在进行翻译时尽管非常细心，但译文难免会有错漏或字句欠妥的地方。因此，审核则成为一个重要阶段，目的是使译文能符合忠实、通顺的翻译标准。通过审核，可以发现译文中可能存在的一些问题，从而确保理解和表达的内容准确完美。

审核应对照原文仔细核查参对译文中的人名、地名、日期、方位、数字、重要的词、句等，力求没有遗漏和误译，还应当进一步对译文语言进行润色，修正不恰当或不符合汉语习惯的表达。

总之，翻译是一次再创造活动，翻译水平的提高是一个反复实践的过程。著名作家老舍说过："翻译工作不是结结巴巴的学舌，而是漂漂亮亮的再创造。"的确，成功的翻译需要翻译工作者在实例翻译中掌握一定的方法和技巧，并加以运用，从而提高自己的翻译水平。

第三节　文化翻译中译者的能力要求

一、译者应具备的文化能力

翻译是跨文化交流活动的一种特殊形式。在这一活动中，作为文化中介者的译者，应该具备哪些文化能力才能胜任翻译任务呢？具体说来，一个具有良好文化能力的译者在翻译的过程中应该知道以下几点：（1）什么时候应该删减以及删减的内容；（2）什么时候添加以及添加到什么程度；（3）什么时候改写以及怎样改写；（4）什么时候拒绝翻译。下面，我们就结合具体的译例来进行较为详细地说明。

（一）什么时候删减以及删减的内容

我国翻译界一直以来都把忠实原文作为翻译的标准。从过去严复的“信达雅”、林语堂的“忠实、通顺、美”，到当代刘重德的“信达切”（1993）、许渊冲的“信达优”，再到如辜正坤（1989）的“以原文为绝对标准，以最佳近似度为最高标准”、陈宏薇的“功能相似，语意相符”（2004）等各种新论都一致强调翻译应忠实于原文。但在有些情况下，译者对原文进行删减却是合理的，也是有必要的。中国台湾学者张振玉认为在以下三种情况下译者可以对原文进行删减处理：（1）由于两国语言习惯不同，适于甲国之表现法，未必适于乙国表现法时；（2）以甲国文字译为乙国文字，非外国人所能解，亦非外国人所乐读的内容；（3）原文拖沓累赘之处。例如：

例 4-3-1：

原文：猪在圈里的工作，主要的是“吃、喝、拉、撒、睡”，此外便没有什么。圈里是脏的，顶好的卫生设备也会弄得一塌糊涂。吃了睡，睡了吃，毫无顾忌，便当无比，这不活像一个家吗？在什么地方，“吃、喝、拉、撒、睡”比在家里方便？人在家里的生活比在什么地方更像一只猪？

译文：A pig has nothing to do in the sty but alternately eat and sleep. The sty is dirty, there is no sanitary installation in it. But at least everything is handy and convenient, with no restraint of any sort, just sleeping after eating, eating and sleeping some more. Is not this place a perfect counterpart of what a home often is? Where else does our life more closely resemble that of a pig?

原文中的拉、撒等不雅词语在英译文中都被删去了。译者这样做显然是考虑到了西方读者的审美心理和阅读习惯，因为“依西人礼俗，生理方面若干事，多默而不言，亦不形诸笔墨”。正是意识到这一点，译者对原文作了必要的删减，保证了译文在英语读者中的可接受性。

例 4-3-2：

原译文：Compliments! You chose “Blackpool” shoes made with high quality material. The leather has been carefully selected from specialized slaughter-houses; which, after a variety of treatment, has become softer and more supple.

改译文：Thank You for having chosen “Blackwell” shoes. They have been made from the finest quality materials. The selected leather has been treated to make it soft and supple.

原文是用西班牙语写的某品牌皮鞋标签上的产品说明。原译文是从西班牙语直接翻译到英语的。其中的短语“selected from specialized laughter-houses”用在这里很不合适，因为在英美文化里动物被视作人类的朋友，没有哪位英美顾客在购买皮鞋时希望被提醒自己所购买的皮鞋是以残酷地屠杀动物为代价的。正是考虑到这种文化差异，重新改写的译文删去了这个短语，避免了有关屠杀动物的联想，也避免了在情感上对译入语消费者的冒犯。

（二）什么时候添加以及添加的程度

我国著名翻译家王佐良认为翻译的最大困难是两种文化的不同。因为“在一种文化里头有一些不言而喻的东西，在另外一种文化里却要费很大力气加以解释”。由于考虑到目标读者不了解原语文化背景，所以译者在翻译时需要在译文中对原文中的有关背景知识和特定的文化词语进行文内解释或者文外注释。例如：

例 4-3-3：

原文：这里是撒尼人聚居区，传说中阿诗玛的故乡。

译文：This place is populated by the Sani people，one of the offshoots of the Yi nationality. According to the legend，it is the native place of Ashima，a most beautiful and talented folk song singer.

如果译文对原文句子不加解释，读者肯定难以彻底搞清楚译文都在说些什么。这也是为什么美国翻译理论家 Nida 认为“双文化能力甚至比双语能力更为重要”，王佐良认为译者“处理的是个别的词”“面对的则是两大片文化”的原因。由此可见，成功的翻译离不开译者对相关文化背景知识的了解以及在译文中进行相应地补充说明。

与上面所谈到的增补有所不同的是，下文所谈的添加主要是指译者为了便于译文读者的理解而进行的增补性文化翻译。例如：

例 4-3-4：

原文：在中国，如果你要问“谁是中国古代最有名的人”，会有很多人告诉你：“孔子。”（孔子是中国古代伟大的教育家、思想家、儒家学派的创始人，被人们称为圣人，他的思想影响了整个中国的历史和社会。）

初译稿：In China, if you ask “Who is the most famous person in ancient China”, many people will tell you, “Kongzi.” That is how Confucius is called in Chinese. Kongwas his surname and zi “master” was a respectful term of address.

修改稿：In China, if you ask “Who is the most famous person in ancient China”, many people will tell you, “Kongzi”. That is how Confucius is called in present-day Chinese. Kong was his surname and zi “Mr.” was a respectful term of address. In the past people also often referred to him as Kong Fuzi ‘Mister Kong’. When translated into Latin and English, Kong Fuzibecame Confucius.

原文是散文《孔子》中开篇的第一句话。如果译者不加考虑，上面这句话完全可以翻译为：In China, if you ask “Who is the most famous person in ancient China”, many people will tell you, “Kongzi”. 考虑到“Kongzi”这个名字对于一般的西方读者来说可能没有什么意义，译者在翻译这句话的时候，在译文中对“Kongzi”的具体含义在行文中做了解释（见画线部分）。译文在送给美国专家进行润色时，专家对这一译文又进行了详尽地补充和解释，明确了“Kongzi”和“Confucius”二者之间的关系，以及“Confucius”的来历。可以说，若不是译者和修改者对两种文化极为敏感，这一句话的翻译很难被添加到这一程度。

（三）什么时候改写以及怎样改写

在翻译时，除了对原文进行必要、合理的删减、增补、注释以外，也可以对原文进行改写。原文改写的原因很多，其中最重要的原因是：若照搬原文，有可能会违背译入语的文化习俗、审美心理以及意识形态，从而引起读者的反感或误导读者。例如，在《跟随毛主席长征》一书中，该书作者、原毛主席警卫陈昌奉带妻子向毛主席辞行时，有下面的对话：

例 4-3-5：

原文：主席问陈妻："你们俩感情好不好?"陈妻答："好。"主席听了感到非常高兴。

译文：Then Chairman Mao talked with my wife. He was pleased to know that we had a happy home life.

原作者通过这一细节描写来表现毛主席对普通人的亲切关怀。但如果直译这句话，意思就变了味道，在西方读者看来是很可笑、不礼貌的。因此，译文将原文直接引语，淡化处理为间接引语。这样做就使译文在尽量传递原文主旨的情况下，避免了文化上的误读。

翻译中采用改写，有时是由于译者考虑到译入语国家读者的审美习惯。

例 4-3-6：

原文：He made you a highway to bed; But I，a maid，die maiden-widowed.（Shakespeare：Romeo and Juliet）

译文一：他要借你［软梯］做牵引相思的桥梁，可是我却要做一个独守空闺的怨女而死去。（朱生豪　译）

译文二：他本要借你做捷径，登上我的床；可怜我这处女，活守寡，到死是处女。（方平　译）

原文是莎士比亚戏剧《罗密欧与朱丽叶》中女主角朱丽叶的独白。在罗密欧被流放之前的晚上，朱丽叶期盼着他能够借着"软梯"来自己的闺房度过难忘的一夜。仔细阅读两个译文，可以发现译文一改写了原文，有意避免了"登上我的床""活守寡，到死是处女"等直白翻译，从而使译文符合中国读者的审美习惯和价值标准："羞羞答答的大家闺秀，只宜半推半就"。

（四）什么时候拒绝翻译

一个具有双文化能力的译者，在面对一篇要翻译的文本的时候，还应明确翻译的目的，知道该文本是否有翻译的必要。《今日天津》栏目曾让译者翻译下面的元宵节歌词：

例 4-3-7：

原文：

十五灯赞

元宵佳节灯万盏，
照得山河一片红，
红灯照巾帼女儿拳义灯，
李铁梅继承革命的号志红，
江水英夜巡坝上提马灯，
杨子荣威虎厅单枪打双灯。

这么短的一首歌词里含有丰富的中国文化历史信息，如李铁梅、江水英、杨子荣等历史人物，如勉强译出，必然是吃力不讨好。考虑到翻译发起人的目的以及翻译的功能，译者告诉翻译发起人这些材料不适合翻译成英文。因为中文材料的写作对象是国内读者，不符合对外传播、对外宣传的要求，不适宜做外宣材料。在“向编辑建议撤掉此类稿件”，拒绝翻译这类对内宣传的材料时，译者“起到了‘过滤器’的作用”，体现了译者的文化翻译能力。

除了一般对外宣传材料的翻译，在文学作品翻译中，译者有时也会根据自己的审美习惯，有意识地拒绝翻译原文本中的某些内容。熊式一在翻译传统戏剧《王宝钏》时曾说：“我对迷信、一夫多妻制、死刑，也不主张对外宣传，故对前后剧情改动得很多”。

二、结束语

通过上面的讨论，我们可以得出这样的结论，一个译者须具备双文化的能力才能够胜任翻译任务。译者作为两种文化之间的中介者，需要认识到翻译不仅仅是一种语言转换，而是一种文化交流。为了更有效地进行文化交流，译者可以积极干预原文，同时又了解干预的原因以及程度，知道什么时候能够增删、不译或改写，以及如何综合应用这些技巧。简言之，译者在翻译过程中要时时想到中外文化的差异，考虑到译入语读者的认知能力，在该变通的地方进行灵活变通，从而使翻译达到文化交流的目的。

第五章　中西文化生活中的翻译实践

本章论述的是中西文化生活中的翻译实践，分为六个部分：翻译实践中的地域文化翻译，翻译实践中的宗教文化翻译，翻译实践中的典故文化翻译，翻译实践中的称谓语文化翻译，翻译实践中的骂詈语文化翻译，翻译实践中的名称文化翻译。

第一节　翻译实践中的地域文化翻译

地域文化是指由地理位置、自然条件和地理环境形成的文化。对同一现象和事物，不同的国家采用不同的言语形式来表达；在比喻、审美情趣和对同一事物的认识上，不同的国家有所区别。这是地域文化主要的表现，例如，若将汉语"南屋"译成英语 a room with a southern exposure，一些人会认为这没什么不对。但实际上，这是一个错译。汉语与英语对"南屋"表达完全相反。"南屋"的正确英译为 a room with northern exposure。再如"猫"与"cat"，"猫"在中国文化中有可爱、精灵的特性，而在西方传说中，"cat"是魔鬼的化身，是中世纪巫婆的守护精灵。如果把"She is a cat"译为"她是只猫"或"她很可爱"，那就大错而特错。其实，这句话的真正含义是"她是一个心底恶毒的女人"

从这两个简单的翻译例子可以看出，翻译并没有关注地域文化，稍不认真会导致误译。因此，如何处理翻译中的区域文化差异是一个值得进一步研究的问题。

一、方位及其相应物的翻译

方位即方向，东、西、南、北为基本方位。汉英两种语言中都有相对应的词表达这四个基本方位：东（east）、西（west）、南（south）和北（north）。但是，由于中英两国人的地理位置不同，对词的定位和表达的理解存在一定的差异。

在中国文化中，从古至今就有"南面为王，北面为朝""南为尊，北为卑"的传统。皇帝的龙椅面向南摆放，"天下衙门朝南开"。老百姓盖房也是坐北向南。因此，汉语中表达方位“南”为先。人常说“南来北往，从南到北”。而英语文化则相反，英美人表达方位“北”为先。可以看出，方位词不仅是一种地理概念，而且与民族文化、宗教思想、风俗习惯密切相关，也是一种文化现象。

以下是中国和英国语言文化中南方和北方的不同表达方式。

从南到北 from north to south

北屋 a room with a southern exposure

南北朝 the Northern and Southern Dynasties

南征北战 fight north and south on many fronts

同样，在汉英两种语言中，表示中间方位的四个词语的表达也完全相反。

西北 northwest，如 Northwest University（西北大学）

西南 southwest，如 southwest（或 southwesterly）wind（西南风）

东南 southeast，如 the Association of Southeast Asian Nations

二、“东风”“西风”翻译的争论

需要提醒的是，东风与西风与东、西方位相关，翻译界一直对其争论不休。由于地理位置的不同，东风和西风在东西方冷暖相异，中英诗歌中对此自然喜爱也不一样。

就“东风”与“east wind”而言，这两个词是汉英两种语言中的对应词，但所涵盖的文化概念却完全不同。汉语言文化中，“东风”意指“春风”。《礼记·月令》：“［孟春之月］东风解冻”。唐李白《春日独酌》诗：“东风扇淑气，水木荣春晖。”“东风”是“春天”“温暖”的象征。东风送暖，大地复苏。中国人喜欢东风，并把它“比喻革命的力量或气势”。陈毅《满二红》词：“喜东风浩荡海天宽，西风落。”郭沫若《新华颂》：“多种族，如弟兄，千秋万岁颂东风。”可见，中国人对东风情有独钟。然而，对英国人而言，“东风”则是从欧洲大陆北部吹来的刺骨寒风：a keen east wind (James Joyce)；biting east winds Samuel Butler)；a piercing east wind (Kirlup)；How many winter days have I seen him，standing blue nosed in the snow and east wind Charles Dickens)。由此可见，英国人讨厌东风。这与中国人对东风的看法形成鲜明的对照。那么，中国诗歌中颂扬东风的诗句怎样译成英文呢？中外翻译家们各自采用了不同的处理方法。

例 1：

虞美人

李煜

春花秋月何时了？
往事知多少？
小楼昨夜又东风，
故国不堪回首月明中。
雕栏玉砌应犹在，
只是朱颜改。
问君能有几多愁？
恰似一江春水向东流。

译文一：

Yu mei ren
Too long the autumn moon and spring flowers last.
I wonder how much they've known of my past.
Last night spring breezes through an upper room—
Reminds me too much my present gloom.
With a bright moon, how could I my country recall—
Without a sense of defeat and despair at all.
The Palace should be still there as before—
With its carved railings; jade-like steps galore.
Only here are changes which my plight entail.
My complexion, once ruddy, had become pale.
Should I be asked how much anguish I have found,
Strange! It is like flowing water, eastward bound.
(徐忠杰译)

译文二：

The Lost Land Recalled
Tune: "The Beautiful Lady Yu"
When will there be no more autumn moon and spring flowers
For me who had so many memorable hours?
My attic which last night in vernal wind did stand
Reminds me cruelly of the lost moonlit land.
Canred balustrades and marble steps must still be there.
But rosy faces cannot be fair.

If you ask me how much my sorrow has increased,
Just see the over brimming river flowing east!
(许渊冲译)

例 2:

金谷园
杜牧
繁华事散逐香尘，
流水无情草自春。
日暮东风怨啼鸟，
落花犹似坠楼人。

译文：

A Wilderness alone remains.
All garden glories gone;
The river runs unheeded by,
Weeds grow unheeded on.
Dusk comes, the east wind blows, and birds
Pipe forth a mournful sound;
Petals, likenymphs, from balconies,
Come tumbling to the ground.
(Giles 译)

例 3:

春思
贾至
草色青青柳色黄，
桃花历乱李花香。
东风不为吹愁去，
春日偏能惹恨长。

译文：

The yellow willow waves above; the grass is green below.
The peach and pear blossoms in massed fragrance grow.
The east wind does not bear away the sorrow at my heart.
Spring's growing days but lengthen out my still increasing woe.
(Feltcher 译)

以上三个译例中，例 1 的两译采用了变通的手法，将“东风”译成“spring breezes”或“vernal wind”例 2、例 3 则将“东风”直译为“east wind”。我们认为，例 2、例 3 的译法应予以肯定。道理很简单：(1) 直译可以最大程度地使原语文化体现出来；(2) 东西文化交流已经很久，随着这种交流的不断扩大和深入，大多数读者都熟悉了“东风”在东西方文化中的差异，不会在阅读中产生误解。因此，从文化再现和读者接受两个方面看，“东风”被翻译为“east wind”是完全可以的。

对英国人来说，与东风相对的西风（west wind）是温暖的春风，生命的催生剂。它给英伦三岛送去春天，故有“西风报春”之说。英国诗歌中有许多赞美西风的诗句。

英国浪漫主义诗人雪莱就曾写有一首脍炙人口的《西风颂》（Ode to the West Wind）。在诗的最后，诗人名传千古的佳句表达了他对未来的美好憧憬和坚定信念。

汉语中的西风还喻作一种势力或倾向。《红楼梦》第八十回：“但凡家庭之事，不是东风压倒西风，就是西风压倒东风。”今西风多比喻没落腐朽的势力。贺敬之《伟大的祖国》诗：“看牛鬼蛇神，正节节溃败，东风浩荡西风衰。”

汉语中的西风是寒冷的，许浑《早秋》：“遥夜泛青瑟，西风生翠萝。残萤栖玉露，早雁拂金河。”西风还使花失去了香味：“飒飒西风满院栽，蕊寒香冷蝶难来。”（黄巢《题菊花》）有时甚至是破坏者：“昨夜西风过园林，残菊飘零满地金。”（王安石《残菊》）

由此可知，在中国“西风”是不受欢迎的，与英语 west wind 的内涵完全不同。翻译界对“怎样译呢?”这个问题有着共同的见解：西风可以直接被为 west wind，反过来也是一样。

第二节　翻译实践中的宗教文化翻译

一、宗教文化翻译研究

“宗教”一词被翻译成英语是 religion，其出自于拉丁文 religlo，是敬神的意思。在汉语中，关于“宗教”一词的出处，有多种说法。有学者认为，“宗教”二字合并起来使用始于佛教术语。《景德传灯录》十三《圭峰宗密禅师答史山人十问》之九曰：“（佛）灭度后，委付伽叶，展转相承一人者，此变盖论当为宗教主，如土无二王，非得度者唯尔数也。”还有的学者认为，华鸣在《“宗教”一词如何定义》一文中认为，“宗教”一词是日语借用汉字“宗”和“教”二字而造的一个新词。宗教就是奉祀神祇，祖先之教。《辞海》对“宗教”的解释是：“宗教，社会意识形态之一。相信并崇拜超自然的神灵。”在此很容易知道，“宗教”一词尽管在英汉两种语言中有着不同的出处，但其含义基本相同：宗教是人对神灵的信仰。

在人类学和文化学方面，宗教是人类文化的一种特殊形式。它与人类文化一起生产发展。它在任何文明中都占有一席之地。到目前为止，世界上所有国家都至少有一个宗教。

因此，宗教文化是人类文化的重要组成部分。但是，宗教文化必须是由宗教信仰和民族意识形成的文化，具有民族性。不同的宗教是不同文化的表现形式，反映了不同的文化特征。在这里，文化至关重要，宗教只是一种文化形式。宗教依赖于文化，具有其特定的文化前提。在西方，基督教构成了西方文化的背景，自中世纪以来，西方文化的任何一部分或多或少都是基督教文化。在中国，儒、佛、道被公认为三大宗教。这三大宗教在中国文化中占有极其重要的地位，在中国具有深远的影响。因此，中西文化的差异从根本上源于中西方宗教信仰和观念的差异。问题是如何处理中西方宗教文化在翻译中的差异，以“再现”中西方宗教文化的精神实质。

因此，就有人说，宗教文化翻译只能采用一种方法——“直译”，才可以将原文中浓厚的宗教文化色彩保留下来。我国著名翻译家杨宪益在翻译“谋事在人，成事在天”这句话时采用了这种方法。他将“天”直译为“Heaven”（Man proposes，Heaven disposes），再现了原作的文化特色，保存了原作的道教概念。

通过分析上述的实例，由此得出：应尽量采用“直译”的方法翻译宗教文化，将原作的宗教文化特色保留下来。

二、西方基督教文化与翻译

谈到西方宗教，人们想到的就是基督教。理由有二：其一，西方人的主要信仰就是基督教；其二，基督教对西方社会文化产生了巨大而深远的影响，由此成为西方文化的重要部分。正是由于基督教是西方文化的核心，有些学者将“基督教文化”称为西方文化。

基督教的经典——《圣经》（The Bible），分为两部分：《旧约》（The Old Testament）和《新约》（The New Testament），共计 66 卷。《圣经》是由超过 30 位作者创作的杰作，花了一千多年才完成。自中世纪以来，《圣经》已经渗透到上层建筑的所有区域，它是一组历经千年的经典书籍。它是人类历史上最具影响力的系列。据统计，《圣经》有 300 多个版本，它是世界上分布最广，发行量最多的书。

《圣经》不仅是宗教经典，也是西方文化的重要支柱。它记录了重要的历史资料，如古代地中海犹太民族和其他民族的历史、神话、传说、诗歌、民俗、伦理和法律。作为宗教经文，它是教会教义和基督教信仰的基础。但这宗教文学作品也是文学艺术的杰作，它以小说、历史、诗歌、戏剧、书信等不同体裁，记述了古代信仰和再现了远古生活风情。《圣经》中通过生动的人、物形象所表述宗教观念，一方面给宗教信徒们带来神秘奥妙、奇远绝深的信仰寓意，另一方面，它在西方文化中广为人知并广为流行。《圣经》中的一些词语或句子在文学作品中被广泛引用。让我们来探讨《圣经》中成语典故的翻译。

例 1：

Would any of the stock of Barrabbas

Had been her husband rather than a Christian!

(莎士比亚《威尼斯商人》)

译文一：

我宁愿她嫁给强盗的子孙，不愿她嫁给一个基督教徒。

(朱生豪译)

译文二：

哪怕她跟巴拉巴的子孙做夫妻，

也强似嫁给了基督徒！

注：巴拉巴（Barrabbas)：古时强盗名，见《新约·马太福音》

(方平译)

例 1 中的 Barrabbas 是何许人也？经过考证，才知道他原来是古时候一个强盗的名字。出自《圣经·新约》第 27 章，对英国人来说，这是一个人所共知的典故。可是中国人却不知道，很难产生某种联想。鉴于此，朱生豪采用归化的方法将“Barrabbas”译成“强盗”，它反映了原文的意义，有利于读者阅读。方平先生运用直译的方法来处理这一典故，使读者熟悉和理解这一典故的文化内涵，丰富了读者的文化知识。因此，从文化翻译的角度来看，这种翻译是最好的选择。

例 2：

Every gaze fastened on it with a kind of shrinking awe as if fearful to look upon a ghost... For five years he had been present in all their minds, not as a man but as an idea; now he was going to walk through the door and they would look on Lazarus.

译文：

每个人的目光都带着一种令人敬畏的表情盯着门口，就像害怕看一个幽灵似的……五年来，他们头脑中的他不是一个人而是一个概念。现在，他就要从这道门走进来，他们则要面对从坟墓站起来的拉撒路。

这个典故出自于《圣经》。Lazarus（拉撒路）染病而死，基督(Jesus）使拉撒路从坟墓站起来，起死回生。人们通常用“拉撒路”比喻重病康复或大难不死。译者用直译和增词的方法使这一典故一目了然。

三、中国佛教文化及翻译

中国宗教的概念是由儒教、道教和佛教组成的，它们构成了三种宗教相结合的中国宗教文化，成为中国传统文化的三大源头，历史悠久。例如，中国传统文化就像一条大河，它的上游是儒道两支流，在历史的某个节点进行了交汇。之后，又有佛教支流的融入。其随着大河的原有水流相互激荡，奔向远方。其中，佛教作为一种外来宗教信仰，对中国文化产生了广泛而深刻的影响。

佛教由释迦牟尼于公元前 5 世纪在印度创立，于公元 1 世纪（西汉）传入中国。佛教在中国传播的过程中，以其自身的文化优势和特点，对中国文化有着很强的渗透力，丰富了中国文化。同时，传入中国的佛教也深受儒道思想的影响，逐渐成为中国文化的重要组成部分。

事实上，佛教自汉代以来就占据了中国宗教的重要地位，同时也代表着强大的文化力量。唐代诗人杜牧的诗中有这样的描述：“南朝四百八十寺，多少楼台烟雨中。”这是南朝佛教达到顶峰（420—589 年）的盛典。目前，中国佛教文化景观随处可见，如五台山、峨眉山、普陀山、九华山、西安大雁塔、小雁塔、嵩山少林寺、洛阳白马寺、布达拉宫等或汉传或藏传佛教寺庙。这些自然景观和建筑艺术是佛教文化的杰出代表，是中华文明的宝贵财富，是人类优秀的文化遗产。

（一）佛教与翻译

作为一种外来文化，佛教在中国的传播和翻译密切相关，佛经翻译是中国翻译事业的先驱。据史料记载，永平七年（64 年），汉明帝派十二使节到西域拜访佛法。公元 67 年，他们带着两位印度僧侣盖耶 · 莫顿和朱夫兰返回洛阳，带回了经文和佛像。他们修建了中国第一座佛教寺庙——白马寺（据说是以当时手持佛经佛像的白马命名），并开始翻译一些佛经。据说现有的《四十二章经》是《阿含经》的简略译本，是我国最早的佛经翻译。建和二年（148）安息国（现在的伊朗）的僧侣前往洛阳传播佛法。几年后，他们将《人本欲生经》等佛教经典译成汉语，使小乘佛教经典得以系统地传播到中国。此后，汉末魏晋南北朝，开始大量译介佛经，出现了支谦、康僧会、竺法护、道安、鸠摩罗什、法显、菩提支流、真谛等众多的翻译家。

在传播和翻译佛经时，不得不提到中国历史上对佛教著作翻译起重大推动作用的人物——玄藏（602—664）。他被世人称为三藏大师，俗称唐僧。他是唐代著名的和尚、佛教学者和旅行家。他与鸠摩罗什、真谛一起被称为中国佛教的三大翻译家。这位伟大的旅行家独自旅行了16年，旅行了五万七千五百千米，走遍了西部地区、印度和其他国家，留下了一本不朽的游记——《大唐西域记》。这位伟大的旅行家精通汉语和印度语，了解三藏教理，最终成为一位在国外留学的僧侣主持，并主持了当时印度最高的大学纳兰达寺的讲座。他一生致力于中印文化交流事业，受到了佛教学者的广泛欢迎和尊重。他翻译了1335卷儒家经典著作（约50万篇）。他系统的翻译规模、严谨的翻译风格和巨大的成就，在中国翻译史上留下了前所未有的辉煌成就。

佛经的翻译不仅促进了佛教在中国的传播和发展，而且对中国文学产生了广泛而深远的影响，极大地改变了中国文学的内容和形式，促进了中国文学的发展。《维摩经》《法华经》《楞严经》和《百喻经》不仅是佛教经典，同时它们也是华美多姿的文学作品，深受中国学者的喜爱。例如《本生经》是一部描述佛陀生活的传记文学，《佛所行赞》是一首长篇叙事诗。这些佛教经典被译成汉语，不仅创造了一种融冶华梵为一体的翻译文学新体裁，而且为中国文学的创作提供了一种新的意境、新的风格和表达意义的新方式。佛教经典启发了中国晋唐小说的创作，为后来的《西游记》《三国演义》《金瓶梅词话》和《红楼梦》等的创作提供了故事情节和思想内容。

（二）佛教词语的英语翻译

随着佛经的翻译，大量反映佛教观念的词汇也进入汉语词汇当中，丰富了汉语词汇。其中一些人利用原始汉字翻译佛教概念，产生了“因果报应”“境界”等新的词汇。有的是外文音译词，如“佛”“菩萨”“沙门”“菩提”等。现在让我们来讨论一下佛教词汇的英译。

1. 中国佛教词语英译

佛教 Buddhism

中国佛教 Chinese Buddhism

中国佛教协会 The Buddhist Association of China（会长 President，副会长 Vice President，秘书长 Secretary General，副秘书长 Deputy Secretary General）

中国佛学院 The Buddhist Academy of China
和平祈祷法会 Buddhist Praying Ceremony for World Peace
汉传佛教 Chinese Language Buddhism
藏传佛教 Tibetan Language Buddhism

2. 佛教寺院的英语翻译

佛教寺院 Monastery/Buddhist Temple
山门 The Front Gate
大雄宝殿 The Main Shrine Hall
圆通殿 The Hall of Universal Understanding
观音殿 The Hall of Avalokitesvara Buddhisatva
祖师殿 The Hall of Patriarch
藏经阁 The Tripitaka Sutra Pavilion
罗汉堂 The Hall of Arhan
四大天王 Four deva-kings，the protectors of Buddhism
韦驮 Vitasoka/Vigatasoka，the protector of Buddhism
斋堂 Monastic Dinning Hall
客堂 Monastic Reception
礼佛 pay respect for Buddha
诵经 Sutra Chanting
佛像 Buddha statue
香炉 Incense burner
上香 To offer incense to Buddha
释迦牟尼佛 Shakyamuni Buddha

第三节　翻译实践中的典故文化翻译

典故是常见的语言现象。许多语言都有典故，尤其是历史悠久的语言。典故蕴含着丰富的历史文化信息，具有浓郁的民族色彩。典故作为一种修辞方法，在书面语和口头语中都很常见。在跨文化交际中，如果不理解交际方使用的典故，就会造成理解障碍，影响正常交际。本节以清代沈复的《浮生六记》及其英译文为例，研究典故翻译，探讨其英译策略。

典故语言简练，内涵丰富，民族色彩鲜明，翻译难度大。为了更好地分析《浮生六记》中的典故英译，本节首先介绍和讨论典故翻译的定义、分类和常用策略。

一、典故的定义及其分类

根据《辞海》，典故指的是“诗歌中引用的古代故事和有起源的词语”（1979：666）。《现代汉语词典》中典故的定义是“诗文里引用的古书中的故事或词句”（1973：216）。根据上述定义，典故指的是被引用的故事和词语，这些故事和词语有它们各自的出处和起源。

“典故”可以翻译为 allusion。Ritva Leppihalme 在其所写的《文化碰撞：典故翻译的实证方法》（*Culture Bumps：An Empirical Approach to the Translation of Allusions*）中这样说，学者们对于 allusion 的定义有着不同的看法，但他们也有一个共同点，就是强调“指称”（reference to something），通常是为了将一个事物同另一个事物做比较（1997：6）。并列举了几个学习者对“allusion”的理解，其中一项如下：

An allusion is a figure of speech that compares aspects or qualities of counterparts in history，mythology，scripture，literature，popular or contemporary culture.（翻译为汉语：典故是一种将历史、神话、经文、文学作品、流行文化或当代文化中相应事物的某些方面或性质进行比较的修辞手法。）

由此可以看出，英语中的“allusion”的意思几乎与汉语中的“典故”的意思一样，但是还存在着一点小差别。（1）英语的“allusion”注重“间接”的指代，而汉语典故更强调史实和出处；（2）与汉语中“典故”的定义相比，英语“allusion”的概念更为宽泛，英语中几乎只要是间接地用一物指称另一物就属于“allusion”的范围（胡波、张淑玲，2007：2）。

通常情况下，典故可以分为两种：事典和语典。所谓的事典，指的是被引用的故事，包括寓言故事、历史故事、神话故事、民间故事等；所谓的语典，指的是被引用的有来历出处的词语，如出自诗文、典籍中的词语。对于典故的分类，Leppihalme 有着自己的分法，分为两种：严格意义上的典故（allusions proper）和定型的典故（stereotyped allusions）。Leppihalme 又对严格意义上的典故进行细分，分为两种：专有名词典故（proper-name allusions）和关键词典故（key-phrase allusions）。Leppihalme 的这种分类是比较简明清晰的，下面我们以《浮生六记》中的内容为例进行详细论述。

（一）严格意义上的典故

1. 专有名词典故

所谓的专有名词典故，指的是包含专有名词的典故。

例如：

不一载，值台湾林爽文之乱，海道阻隔，货积本折。不得已，仍为“冯妇”。（《浮生六记卷四·浪游记快》）

上例中的“冯妇”是专有名词类典故，出自于《孟子·尽心下》：“晋人有冯妇者，善搏虎，卒为善士；则之野，有众逐虎，虎负嵎，莫之敢撄；望见冯妇，趋而迎之，冯妇攘臂下车，众皆悦之，其为士者笑之”。在此说的是：作者像“冯妇”一样，再干旧行业。

2. **关键词典故**

在典故的使用中，还有一类典故不包含专有名词。这类典故属于关键词典故。

例如：

余曰：“卿果中道相舍，断无再续之理。况‘曾经沧海难为水，除却巫山不是云’耳。”（《浮生六记卷三·坎坷记愁》）

上例中的“曾经沧海难为水，除却巫山不是云”是关键词典故，出自于唐元稹所著的《离思五首》其四“曾经沧海难为水，除却巫山不是云。取次花丛懒回顾，半缘修道半缘君。”

（二）定型的典故

定型类的典故由于经常使用，不再具有新鲜感，读者对其不再联想典故的出处了。

例如：

余接此札，如闻青天霹雳；即肃书认罪，觅骑遄归，恐芸之短见也。（《浮生六记卷三·坎坷记愁》）

上例中的“青天霹雳”是定型的典故，出自陆游所著的《四日夜鸡未鸣起作》诗：“放翁病过秋，忽起作醉墨。正如久蛰龙，青天飞霹雳”。由于读者已经熟悉“青天霹雳”的含义，所以在阅读时很少回忆起典故的来源，因而是一种典型的刻板暗示。这种典故不被认为是真正的暗示，因为它经常被使用；但有时候这种典故因其特殊用途而被“复活”，成为一种真正的典故，因此值得在翻译中进行翻译，仔细分析并认真对待。

二、典故的翻译目标和方法

典故的翻译应尽可能保留原典故的文化内涵和民族色彩，以促进文化交流，准确传达典故的语用意义，促进成功交流。实现这两个目标是典型翻译的理想领域，但有时可能无法平衡两者。在实际翻译中，有必要根据具体情境和翻译目的采取相应的翻译策略，并在两个目标之间找到平衡点。

关于典故翻译策略的问题，许多理论家已经讨论了典故的翻译。从宏观角度来看，这些方法主要体现在直译或自由翻译中。倾向于翻译的群体侧重于原始文本的文化含义和民族色彩的传达，以保持源语言典故的真实性。褚雅芸（2000）认为典故翻译应以直译为主，同时辅以其他补偿手段（如注释和释义），以避免欠额翻译；另一方面，典故翻译应尽量少用释义法，因为此法会引起民族色彩、形象性和联想意义的损失。贾娟（2007）认为典故翻译应遵循“文化传真”的原则，译者应尽可能保留原文化的原汁原味。杨德宏（2008）指出典故翻译的目的应是在保留异域风味的前提下，体现忠实性，注重文化性，考虑读者的接受性。对于主张典故直译的学者来说，如何有效地在向目的语读者传达源语典故的隐含意义和文化内涵的同时又保留源语的味道是典故英译的关键。而倾向于意译的一派考虑译语文化和译文读者多一些，但仍以忠实于原文为前提。胡泽刚（1988）指出，典故翻译首先要准确理解典故，译者需独具慧眼，辨识典故。他赞同意译法，但指出意译必须以忠实原文为前提。也有学者主张为了达到典故翻译的目标，应在不同情况下采取不同方法。夏敏（1998）指出，翻译典故时，译者首先要正确理解典故的出处、结构和民族色彩，准确把握典故的本义、寓意和具体语言环境，然后根据具体情况通过或直译或意译或变通的手法，将典故准确、传神地再现于目的语中。胡丽娟、张再红（2006）认为不管采取何种方法，典故翻译要达到最大限度的“认知共振”，使不同文化中的人们达到认识上的最大一致化。

从微观方面来看，学者们提出了很多具体的翻译典故的方法。包惠南（2001）从典故的产生来源、结构形式、设喻形式以及民族色彩等四个方面比较了英汉典故的异同，讨论了英汉典故的翻译方法及其利弊。这些方法包括保留形象直译、保留形象释义、保留形象加注、改换形象意译以及舍弃形象意译。王恩科等（2007）提出了翻译典故的五种方法：直译加解释法、直译联想法、意译改造法、对联增字法和等值互借法。卢红梅（2006）则归纳了汉语典故英译的五种方法：保留形象直译、保留形象释义、保留形象加注、改换形象意译和舍弃形象意译。

第四节　翻译实践中的称谓语文化翻译

称谓语是人们沟通的起点。通过使用称谓语，双方可以大致了解彼此的年龄、性别、身份、地位、情感态度和亲密程度。作为一种重要的社交指示语（social dexis），称谓语反映了语言与社会文化的密切关系，反映了民族文化的鲜明特征。随着时代的发展，称谓语的使用不断演变，不仅存在“从古代到现代不同”，而且还有“中外差异”（周方珠，2007：48）。汉语称谓体系很复杂，清朝学者梁章军撰写的《称谓录》包含5000多个名称，涉及亲属、官员、教师、邻居、同事、同僚及其他相关术语以及各行各业的称谓。与中文相比，英文称谓体系更加通用和简单。由于中英称谓体系之间存在巨大差异，称谓语的翻译容易出现问题，需要翻译人员认真对待。本节将以老舍《茶馆》的两个英文译本作为案例，研究称谓语的翻译，探索称谓语的文化翻译策略。

一、称谓语的定义、分类及翻译策略

在具体探讨《茶馆》中称谓语的英译之前，让我们首先应了解一下有关称谓语的定义、分类以及称谓语翻译中的常用策略。

（一）称谓语的定义及分类

称谓语是交流活动中说话者对称谓对象选择的称呼。根据《现代汉语词典》，称谓是指“人们由于亲属和其他方面的相互关系，以及身份、职业而得来的名称，如父亲、师傅、厂长等”（2010：170）。需要指出的是，人们更容易混淆称谓语与称呼语这两个概念。在《现代汉语词典》中，称呼是指“当面招呼用的表示彼此关系的名称，如同志、哥哥等”（2010：170）。称谓语与称呼语既有联系又有区别。么孝颖认为称呼语是指“处在一个言语事件两端的讲话者和受话者，通过一定的渠道（口头、书面或电讯）交际时直接称呼对方所使用的名称”，称谓语则具有系统性和稳定性，是指能够体现人们社会关系和社会角色的名称系统（2008：20）。为了便于讨论，本部分采用《现代汉语词典》中给称谓的概念，主要探讨直接称呼受话者的称谓语和间接提及或指代他者的称谓语的翻译。

称谓系统复杂多样，学者对称谓词的分类有不同的看法。根据不同的分类标准，典型的分类方法有以下四种：（1）根据所体现的社会关系，称谓分为两种：亲属称谓与非亲属称谓或社交称谓；（2）根据所反映的情感态度，称谓分为四种：蔑称、敬称、昵称和谦称等；（3）根据其本身的形式，称谓分为两种：全称和简称；（4）根据其所指方向的不同，分为自称与他称两种。由于相同的称谓可用于不同的对象，因此称谓的任何分类都不是绝对的，并且彼此之间有一定的重叠。

（二）称谓语的翻译策略

其翻译方法和策略引起了许多学者的兴趣。吕俊认为，称谓语比一般符号系统具有更强的民族性，再加上称谓系统本身的复杂性，翻译时译者需要根据不同情况灵活采用策略。他根据称谓的特点，提出了以下四点建议：（1）以描写性译法（或解释性）解决不同称谓系统中的空缺对应问题。（2）以具体化方法处理不完全对应的称谓关系。（3）处理称谓语中长幼顺序问题时要遵守"关系称谓"与"相呼称谓"相区别的原则：即如果是表现原文社会秩序、人际关系，带有强烈民族特征的"关系称谓"，在翻译中需要尽量保留这一特点；如果仅仅是日常交际中称呼对方的"相呼称谓"，则应按照译入语的文化习惯，保证翻译的自然、地道。（4）职事称谓与敬称、谦称等的翻译应优先考虑译入语习惯，以便适当地翻译（1993：39—43）。

尹富林在比较了英汉称谓语的语用功能后，提出了以下三种翻译方法：语义增值法、语义增减法和语用等效法。在将称谓语从一种语言翻译到另一种语言时，对于具有等同语义和交际价值的称谓语，可以采取直接对应翻译；对于不完全等同的称谓语，应根据上下文进行适当补充或删减，以符合译文的语言习惯；对于形式不对等，语义也很难找到等同表达的称谓语，则应考虑上下文，根据"交际双方的关系、身份、语气、语境以及可能的语用含义"进行翻译，尽量做到译文自然通畅（2003：26—28）。此外，还有一些学者通过分析具体的文学作品中称谓语的翻译，探讨称谓语翻译的标准和方法等（陈毅平，2012；蔡永贵，2010；肖家燕、刘泽权，2009；王瑞，2008；路东平，2003；潘明霞，2002）。

根据上述的内容，对称谓语的翻译方法进行总结，可以分为以下三种情况：（1）对于英汉两种语言中在语义价值和语用功能上都对等的称谓语，在翻译中可以选择对等翻译的形式。（2）在两种语言中的称谓语不完全对等时，需要根据不同的语言习惯进行补充或删减。（3）称谓系统中出现空缺时，对于需要保留民族性特点的称谓语，译者可以进行具体化解释性翻译；而对于需要保留语用功能的称谓语，翻译时则可以按照译入语的表达习惯进行归化翻译，以实现语用等效。

简而言之，在称谓语的翻译中，译者需要根据翻译的目的和背景做出适当的选择，权衡称谓语的国籍。所载的指导信息和翻译语言的表达习惯，并采用适当的翻译策略。

二、个案研究

《茶馆》是老舍先生（我国著名现代小说家、戏剧家）的经典名作。《茶馆》里面有很多人物彼此之间有着复杂的关系，适合研究称谓语的翻译，这里，我们以此为例对英译本的称谓语翻译进行阐述。迄今为止，《茶馆》有两个完整的翻译版本，分别是我国戏剧翻译家英若诚的译本（以下为"译文 1"）和外籍专家霍华德（John Howard-Gibbon）的译本（以下为"译文 2"）。接下来以《茶馆》的两个英译本为例，对称谓语的文化翻译策略进行具体分析。

（一）亲属称谓的翻译

亲属的称谓是指彼此之间有直接或间接关系（如血缘，婚姻和法律）的亲属和亲属的名称。由于不同民族和不同国家的价值观，社会结构和婚姻制度的差异，汉语称谓对直系与旁系、血亲与姻亲、长辈与晚辈、年长与年幼、男性与女性、近亲与远亲等都加以区分，描述非常准确。可以说长幼分明、尊卑有序。英美国家的称谓体系具有广泛性，分类性和语义模糊性。除了区分辈份外，亲疏、内外、长幼，甚至性别都可以模糊。这些差异对亲属称谓的翻译提出了挑战，也是翻译人员在翻译时必须考虑的因素。例如，表 5-4-1 中列出的四个汉语称谓（小花的妈、老大、媳妇、栓子的妈）很难找到合适的英文单词与之对应。译文 1 除了将"小花的妈""媳妇"这样的称谓有时译为"Daughter-in-law"以外，其他翻译是称呼他们的人的名字，这与英语的表达一致。译文 2 除了将"老大"有时译为"Dashuan"外，基本上采用了字面翻译的方法。虽然这种翻译忠实于原始语言的文化特征，但却忽略了目标读者的文化习惯。给观众一种奇怪的感觉，远比英语原文更难理解。

在对汉语亲属称谓进行翻译之前，译者首先应当确定该称谓是属于"关系称谓"还是"相呼称谓"。如果是"关系称谓"，其重点是保留其民族特点，使读者了解原文人物之间的关系与社会秩序；如果是"相呼称谓"其重点是以译入语表达习惯为主，保持译文的自然地道（吕俊，1993：39—43）。接下来我们以《茶馆》中的具体翻译实例来对亲属称谓的翻译进行分析。

表 5-4-1　《茶馆》亲属称谓的翻译

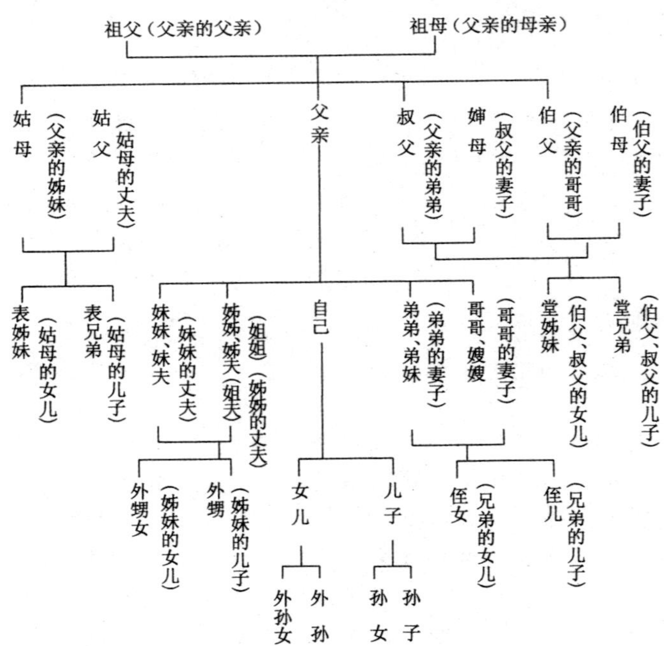

1. 亲属称谓之“关系称谓”

例如：

原文：庞四奶奶，女。四十岁。丑恶，要做皇后。庞太监的四侄媳妇。（《茶馆》人物表）

译文 1：Madame Pang An ugly and repulsive woman of 40，the wife of Eunuch Pang's fourth nephew，and now aspiring to be the empress of China.

译文 2：Fourth Aunt Pang Forty years old. An ugly woman who has delusions of becoming Empress. She is the wife of Eunuch Pang's fourth nephew.

《茶馆》中有很多的“关系称谓”，揭示出人物之间的关系和社会等级秩序。上例中的“四侄媳妇”具有鲜明的中国文化特点，标明了长幼顺序和亲族关系，但这在英文亲属称谓中并没有明确的英语单词与之相对应。两位译者都采用了解释性的译法，将其译为 the wife of Eunuch Pang's fourth nephew，从而将原文亲属称谓的民族特色保留了下来。

2. 亲属称谓之“相呼称谓”

例如：

原文：王利发：老大，你怎么老在背后褒贬老人呢？谁穷得乱出主意呀？下板子去！什么时候了，还不开门！（王大栓去下窗板。）（《茶馆》第三幕）

译文 1：Wang Lira：Now，Dashuan，who taught you to run you're your elders behind their backs? Who's full of crazy schemes? Take down the shutters! The teahouse should have opened long ago.（Wang Dashuan goes to take down the shutters.）

译文 2：Wang Lifa：Elder Son，why do you always talk about me behind my back? Who's desperate enough to try any fool thing? Go and get those shutters down. It's long past opening time.（Wang Dashuan goes to remove the window shutters.）

这种类型的亲属称谓主要用于直接称呼对方，引起注意，从而顺利地交流。在这种情况下，翻译应该更多地关注翻译语言文化的称谓习惯而不是国家特征，以确保翻译的可读性。在上面的例子中，王利发称呼自己的长子王大栓为“老大”，这是一个普通的汉语亲属称谓，显示了父子之间自然亲昵的关系。译文 1 根据英文中长辈对晚辈通常会直呼其名，将之译为“Dashuan”，符合英文称谓的习惯用法，用于舞台表演也更易于被外国观众所理解和接受。译文 2 译为“Elder Son”，它看起来有点草率，笨拙，不够自然。

再如：

原文：王利发：栓子的妈，他岁数大了点，你可得……

译文 1：Well，old girl，he's getting on. You'd better….（69）

译文 2：Wife，he's getting a bit old，you're going to have to….（26）

王利发称妻子王淑芬为“栓子的妈”，译文 1 译为“old girl”，译文 2 译为“Wife”，都是根据具体语境做出的合适变通。但就台词的口语化而言，译文 2 不如译文 1 通俗、上口，富有生活情趣，在舞台上也没有表现力。

（二）社交称谓的翻译

1. 社会头衔

社会头衔反映了人与人之间的相对社会关系，包括泛化中使用的一般亲属（如嫂子、哥、弟等）和其他一般社会头衔（如太太、先生、伙计等）。特别值得注意的是，拟亲属称谓的使用是基于双方的相对社会关系而不是真正的血缘关系，并且不能与亲属的称谓相混淆。

（1）拟亲属称谓

汉语称谓系统的一个非常重要的特征是亲属关系的概括，即亲属关系扩展到非亲属的称谓。汉语中常用作拟亲属称谓语的有“爷”“奶奶”“伯”“叔”“妈”“姨”“嫂”“姐”“哥”“兄弟”等，其变体更是丰富多样，多达74个（潘攀，1998，34—35）。这种亲属的称谓是一种独特的汉族文化现象，反映了中国人在社会交往中作为一个家庭的延伸，反映了中国文化的特征，如重长幼尊卑、家族宗派的重要性。汉语中使用普遍的拟亲属称谓几乎不可能在英文标题系统中找到相应的名称（孔慧怡，1999：140）。如何克服翻译中的文化差异是译者的一个主要问题。

亲属称谓由真实亲属的血缘关系决定，亲属的血缘关系是不变的，所以标题反映的关系通常不会被其他因素改变。拟亲属称谓的基础是虚拟关系，即“能够并且必须随着交流场合，交际参与者的身份，地位和交际角色而改变”（周方珠，2007：48—51）。可以看出，拟亲属称谓与纯亲属传达的信息完全不同。在翻译拟亲属称谓时，翻译需要关注分析名称所携带的指令信息，以及根据拟亲属称谓传达的社会关系和情感态度来确定相应的翻译。

例1：

原文：

王利发：这位大嫂，有话好好说！

康顺子：你是掌柜的？你忘了吗？十几年前，有个娶媳妇的太监？

译文1：

Wang Lifa：Now，now，madam！Don't get so upset！Calm down！

Kang Shunzi：Are you the manager？Do you

Remember，almost twenty years ago，there was a eunuch who boughta wife？

译文2：

Wang Lira：Elder Sister，if you've got some problem let's hear it—reasonably.

Kang Shunzi：You're the proprietor？Have you forgotten？More than ten years ago，when a palace eunuch wanted to buy a wife？

上例中，王利发叫康顺子为“大嫂”，并不是因为他们之间是亲属，而是因为“嫂”是拟亲属称谓，是敬称，代表对年龄大于自己或同龄的已婚女性的说话者的尊重和礼貌。因此，拟亲属称谓体现的社会功能是翻译的焦点。翻译1中选择的“madam”是英语称谓中对已婚女性的通用名称，并准确传达原文所载的说明。翻译 2 选择字面意思对应，将拟亲属称谓译作了亲属称谓“Elder Sister”，让译文读者很容易误解。

例 2：

原文：

王利发：哥儿们，对不起啊，茶钱先付！

明师傅：没错儿，老哥哥！译文 1：

译文 1：

Wang Lifa：My friends，I’m sorry to ask you，but please pay in advance.

Chef Ming：We all know that，old man.

译文 2：

Wang Lifa：I’m very sorry，brothers，but I have to ask you to pay in advance.

Chef Ming：There’s nothing wrong with that，Elder Brother.

抗日战争胜利后，国民党间谍在北京猖獗，裕泰茶馆的地位比以前更差，生意淡薄。为了勉强维持茶馆的生意，王掌柜不得不要求顾客在喝茶前付钱。为了表达礼貌和尊重，王掌柜和客人之间互称为“哥”，这是一种常见的称谓形式。两种版本的翻译完全不同。译文 1 的灵活翻译反映了老板与客人之间的相互尊重，具有亲密感；译文 2 被翻译成真实的亲属称谓“Elder Brother”，这使得读者很容易对两者的关系感到困惑。

《茶馆》中另一个出现比较多的拟亲属称谓是“爷”。在中文里，无论是直接称为“大爷”“这位爷”，还是与姓氏一起的“松二爷”和“常四爷”等，都体现了对老年人的尊重。

例 3：

原文：

王利发：怎样啊？六爷！又打得紧吗？

译文 1：

How are things，my friend? Is the fighting fierce?

译文 2：

What’s happening，Sixth Elder? Is the fighting serious?

王掌柜向警方打招呼时，称警察为“六爷”，译文 1 将其译为“my friend”，准确表达了原文寒暄的语言功能；译文 2 译为“Sixth Elder”，效果不如译文 1，读起来生硬拗口，听着也别扭。

对于“爷”这一拟亲属称谓的处理，两个英译本如表 5-4-2 所示。

比较两个译文，可以发现翻译 1 侧重于复制原始亲属称谓的语用功能，因此翻译是"Master"；虽然翻译2仅限于原始形式，但也翻译出了排行，但它却失去了其所体现的社交功能。

一般来说，两位译者在《茶馆》中拟亲属称谓的翻译处理中有两种不同的趋势：译文1倾向于放弃亲属的原始文本的称谓形式，并选择对应于实用主义的英文称谓。此处理可以帮助读者和观众准确把握称谓中体现的社会关系和权力内涵；虽然翻译2倾向于使用逐字翻译，但这种移植翻译忠实于原始语言的文化特征，却忽略了目标读者的文化。很容易让观众感到困惑，不如译文1的翻译直观，容易理解。

表5-4-2　《茶馆》拟亲属称谓"爷"的翻译

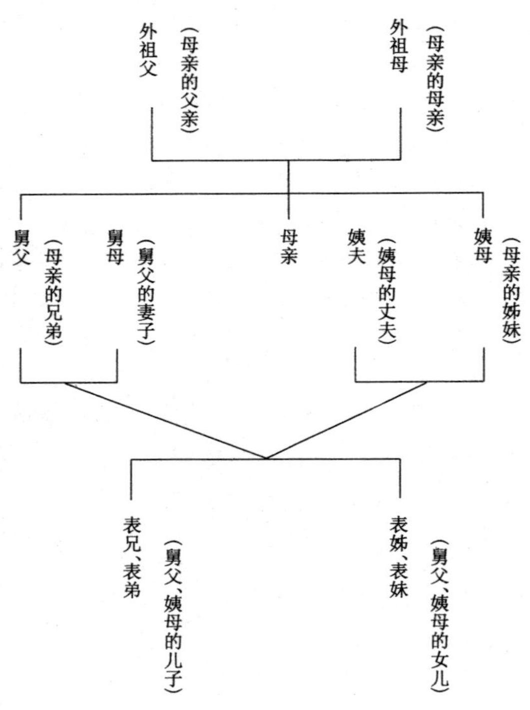

（2）其他社会头衔

除了拟亲属称谓以外，"先生""太太""伙计""等是《茶馆》中出现的其他社会头衔。翻译这些社会头衔，同样需要关注称谓中所传递的语义信息和语用动能，不能根据字面意思直接移植到译入语文化中。

例如：

原文：

王利发：唐先生，你外边蹓蹓吧！

唐铁嘴：（惨笑）王掌柜，捧捧唐铁嘴吧！送给我碗茶喝，我就先给您相相面吧！手相奉送，不取分文！（不容分说，拉过王利发的手来）今年是光绪二十四年，戊戌。您贵庚是……

译文 1：

Wang Lifa：Mr Tang，why not take a walk somewhere else?

Tang the Oracle：(with a wan smile) Oh，Manager Wang，boost up poor old Oracle a bit. Offer me a cup of tea，and I'll you're your fortune for you. With palm reading thrown in，it won't cost you a copper! (Without waiting for Wang's consent，takes hold of his hand.) Now，it's the 24th year of Emperor Guangxu's reign，the Year of the Dog，and your honorable age…?

译文 2：

Wang Lira：Older Tang，why don't you take a walk，eh?

Soothsayer Tang (with a wan smile)：Proprietor Wang，show a little kindness to old Soothsayer Tang a bit. Give me a bowl of tea and I'll tell you your fortune. Come on，let me see your palm—won't cost you a cent. (Not waiting for Wang's agreement，takes hold of his hand.) It's 1898，the twenty-fourth year of Emperor Guangxu's reign. And your age..

《茶馆》第一幕开始处，王利发把相面为生的唐铁嘴称为“唐先生”。“先生”通常用于一般人之间的称谓，“先生”前加上姓氏，就等同于英语中的 Mr.（Chao 1956：223）。以前，称呼职业为相面、卜卦、卖唱、行医、看风水等为职业的人为“先生”（王瑞，2008：170）。所以，把“唐先生”翻译为“Mr Tang”不是特别恰当；而译文中的“Older Tang”也没有将原文称谓所承载的语用信息呈现出来。

2. 正式头衔

所谓的正式头衔，指的是把说话者的职位或官衔作为称谓。《茶馆》中的正式头衔有一些是正式的机构职务，有一些是皇室或王公贵族，这是我国封建制度的称谓体系的反映。

例如：

原文：

方六：（过来）娘娘，我得到一堂景泰蓝的五供儿，东西老，地道，也便宜，坛上用顶体面，您看看吧？

庞四奶奶：请皇上看看吧！

译文 1：

Fang Liu (coming over)：Your Imperial Majesty，I managed to get hold of a set of cloisonné incense burners，five pieces in all. Antiques! The real thing! Dirt cheap too. Just right for the altar of our secret society. Why not have a peep at them?

Mme Pang：Show them to the emperor.

译文 2：

Sixth-born Fang (coming over)：Your Highness，I've got hold of a set of five cloisonne sacrificial vessels. They're very old，and they're genuine stuff. Cheap too. They'd look perfect on the altar. Why don't you have a look at them?

Fourth Aunt Pang：Ask the Emperor to look at them.

在中国封建制度中，“娘娘”和“皇上”都是典型的皇室头衔。英语称谓系统中对王室成员、达官贵人和社会名流等常用的尊称有“His/Her Majesty”“His/Her Highness”“His/Her Honour”“His/Her Lordship”“His/Her Ladyship”等（包惠南、包昂，2004：72）。两位译者对这两个称谓的处理方法类似，都选择了英文中对应的皇室称谓（“Your Highness/Your Imperial Majesty”“the Emperor”）。

《茶馆》中也出现了一些其他的王公贵族和机构职位的相关称谓，两位译者采用的翻译方法如表 5-4-3 所示。

表 5-4-3 《茶馆》正式头衔称谓的翻译

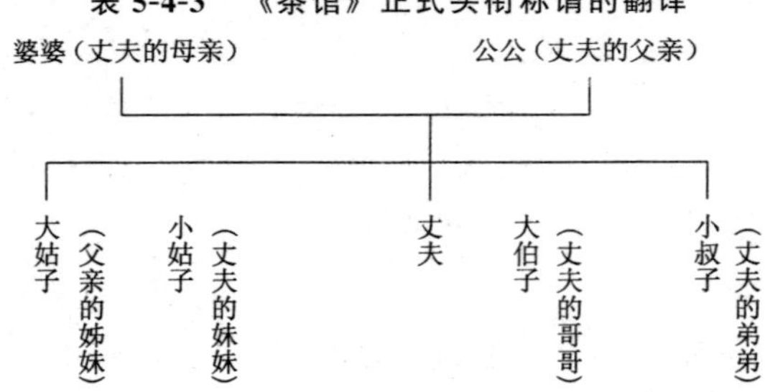

在对这些正式头衔翻译时，译者首先需要了解英汉称谓系统中相应的官衔、职位和常用的社会名流、王公贵族的尊称，以便在翻译过程中选择相应的称谓形式来实现语义和务实的功能。

3. 职业头衔

顾名思义，职业头衔就是用职业名称对其称谓。赵元任（1956）指出，在汉语称谓体系中，除了代表职业的具体词汇，如经理、伙计、神父等，职业头衔还常用描写性短语，如修伞的、掌柜的。这在《茶馆》中得到了淋漓尽致的体现。

例如：

原文：

取电灯费的：掌柜的，电灯费！

王利发：电灯费？欠几个月的啦？

译文 1：

The Collector：Hey，manager，your electricity bill.

Wang Lifa：Electricity bill？I'm how many months behind？

译文 2：

Lightbill Collector：Proprietor，your light bill.

Wang Lifa：Light bill？How many months do I owe？

上例中属于描述性的职业称谓有“掌柜的”和“取电费的”。译文 1 用“manager”和“the collector”将其替代；译文 2 用“proprietor”和“light bill collector”将其替代，两种翻译都是直观且易于理解的，并且读者或观看者可以通过上下文或上下文语境准确地确定角色的职业。职称中体现的社会关系清晰明确，翻译的关键是准确传达语义。在职称翻译中，如果翻译系统中有相应的职业，可以采用替换翻译；如果有空缺就可以采用解释性翻译。

第五节 翻译实践中的名称文化翻译

顾名思义，译名是名称的翻译。在中国，译名可以追溯到汉族和周围的少数民族，特别是在与匈奴接触的时期。关于译名的讨论始于佛经翻译。随着中国与世界各国的交流在各个领域变得越来越频繁，译名的范围也越来越广泛。译名通过在翻译语言中创建新的语言符号，改变外来词的语言形式，创建新名称和引入外来概念，深刻地影响了翻译语言文化的各个方面。本节将根据具体的翻译实例探讨译名的原则和方法，重点关注文学作品中译名与文化之间的密切关系。

一、译名的原则与方法

在《现代汉语规范词典》中，译名的概念是：“翻译成另一种文字的名称。”作为翻译出来的名称，译名既包含对专名、术语的翻译，也包含对指事物名称的普通名词的翻译。

译名通常遵循以下两个原则。

（一）名从主人

对外来的人名和地名进行翻译时，应该根据其所属语言的标准发音，根据该国官方出版的人名手册、地名录进行翻译。例如，“罗马”根据在意大利语的发音翻译为 Roma，而不是直接根据英语翻译为 Rome；同样的，“巴黎”根据在法语中的发音翻译为 Paris，而不是直接根据英语翻译为 Paris。如果一个国家有两种以上官方语言，对其国家的人名、地名的翻译就应该根据其所属语言的读音来翻译。有时，同一个名字，在拼写上是相同的，但是由于不同国家的语言不一样，对其翻译时，就会形成两种完全不同的译名。例如，Richard 在以英语为主要语种的国家翻译为“理查德”，在以法语为主要语种的国家翻译为“夏尔”，在以德语为主要语种的国家翻译为“里哈德”。

（二）约定俗成

在历史上，已经有了习惯性的翻译，以及业内已经达成一致的人员和地点的名称。即使它们远离主人原则译名，也应遵循惯常的翻译，以避免重新翻译造成的混淆。译名遵循约定俗成的原则，在外交活动中尤为重要。澳大利亚前任总理陆克文的英文名是 Kevin Rudd，但他给自己起的中文名却是“陆克文”因此，中国媒体在报道中只能使用他的中文名“陆克文”，而不能另起炉灶，再造新名。同样，国外的一些著名汉学家、外交官、来华传教士以及一般外国人自起的汉语名字，翻译时译者需要使用相应的中文名称，而不是音译。

在译名的方法上，早期的佛经译者提出过“音译法”，明末李志藻根据自己与传教士合作翻译的经验提出过“创译”法（即另创新名）。晚清至近现代以来，学界根据不同译名方法的利弊，展开过有关译名的讨论。章士钊提倡“音译”；胡以鲁强调“义译”；朱自清则在总结历史上有关译名讨论的基础上，指出历来译名有以下五种方法：即音义分译、音义兼译、造译、音译、义译。音义分译指的是一半音译一半义译，如“阡悔”一词由来自梵语 ksama 的音译“忏（摩）”和来自意译“悔”组成。音义兼译是指既译音又译义，如 totem 译为图腾。造译包括造新字和造新意。

接下来，我们通过具体的实例对常见的四种译名方法：音译、音意兼顾、直译加解释、另立新名详细分析。通常情况下，在不涉及文学作品时，人名地名的翻译常采用音译法。新华通讯社编译出版的《世界人名翻译大辞典》和 1999 年国家质量技术监督局发布的英语、法语、德语、西班牙语、俄语、阿拉伯语六大语种地名译写的国家标准《外国地名汉字译写导则》是其音译的标准。

译名除了使用音译，还可以采用音意兼顾的方法。例如，一篇旅游材料中有一个地名叫 Clifton Hill。若不对其查证，该地名很大可能被译为“克利夫顿山”事实上，Clifton Hill 是加拿大和美国交界地区一条毗邻商业中心的繁华街道的名称，街道地处丘陵地带，依地势由高向低延伸。翻译时可以采用音意兼顾的方法，将其译作“克利夫顿山商业街”这样既可以避免游客将街道误当作山，又概括出了该街道的地貌特点。又如，美国国家公园 Grand Teton 原名为“les trios tetons”（the three breasts），因当时到达此处探险的法国人认为这些山看上去像三个高耸的乳房而得名。在中文旅游网站上，Grand Teton 的中文名称都是“大提顿”国家公园，译名采用了音意兼顾的方法，避免了译意可能引起的不雅联想。

译名还可以直译加解释。例如，《徐悲鸿的一生》翻译为 *Xu Beihong—Life of a Master Painter*。译文中增加的 *a Master Painter* 说明了徐悲鸿的画家身份。再如，《彭德怀自述》如果直接翻译成 *Memoirs of Peng Dehuai*，西方读者很难对其关注，因为他们一点也不了解中国历史人物彭德怀元帅。这部书的英文名最终译为 *Memoirs of a Chinese Marshal—A Cultural Revolution "Confession" by Marshal Peng Dehuai*（1898—1974），译名增加了一些原本没有的信息，从而避免一些译入语读者由于缺乏相关的文化背景知识而对这本书望而却步的局面的发生。

（三）另立新名

在法国巴黎大都会地区，有一个叫作 Fontainebleau 旅游小镇，在法语中其意思为“美丽的泉水”；翻译成中文是“枫丹白露”，却是在以法语发音为基础上的另立新名。美国国家公园 Yosemite 有两个译名，一个为“约塞米蒂”，另一个为“优胜美地”从受众的角度来说，后者远胜于前者，前者仅是一个普通的语言符号，后者却暗示了公园景色优美。另外，另立新名的翻译手法也用于对电影片名的翻译。例如，Waterloo Bridge 翻译为《魂断蓝桥》，Ghost 翻译为《人鬼情未了》，White Nights 翻译为《不眠之夜》等。这样一来，不光将影片的主要信息表达清楚了，还将其重点凸显出来了，从而吸引异国观众的眼球。

二、译名与文化

曹明伦是著名的翻译家，曾指出：译文单从语言层面上来看，“几乎堪与原文媲美。但美中不足的是，译文美妙的文字未能完全负载原文字符所负载的文化信息”（2007：85—86）。

可以看出，携带历史和文化信息的人和地方的名字的正确翻译在一定程度上决定了整个翻译的质量。接下来，我们主要关注文学作品中名称和名称的翻译，探讨翻译名称。

（一）人名的翻译

尼科诺夫在其所写的《人名与社会》一书中指出："越是著名的大师，越是谨慎地为自己作品的主人公选择名字。"文学作品中的人名通常寓意深刻，对表达作者感情、解释人物性格和暗示故事情节的发展起着重要作用。它们"鲜明地体现着作家的创作意图，寄托着作家的爱憎情感，反映作家的观点立场，预示人物的性格和命运"（包惠南，2001）。然而，由于不同语言所处的不同文化系统以及语言之间特别是汉英之间的语音系统存在着较大的差异，人名的翻译非常具有挑战性，需要译者反复斟酌，以权衡不同译法的利弊。台湾作家白先勇在翻译自己的小说《游园惊梦》时，就遇到了人名翻译的问题。他说："中文小说英译第一件令人头痛的事就是中文人名，作者替他小说中人物命名，总希望能对人物的个性、背景、命运等有所提示，启发联想。张飞、诸葛亮、潘金莲、李瓶儿、贾宝玉、薛宝钗，这些人名取得好，含意丰富，但译成英文用罗马拼音，就只剩下了音，失去了意，而且拼音不加四声的话连音也念不准。有些译者也把中文名字意译，但也不是每个中文名字都适合这样做的。王际真的节译本《红楼梦》中，王熙凤就直译为 Phoenix，西方文化中的凤凰虽然有很不同的象征意义，但张牙舞爪的泼悍形象倒适合了凤辣子的个性。霍克斯译全本《红楼梦》时，熙凤便变成了 Xi-feng。霍克斯的译本当然是项了不起的成就，但我觉得他把凤姐的名字罗马拼音化却是个败笔，我宁取王际真的意译。"

根据上述内容，白先勇在对《游园惊梦》中的人名翻译时，根据人名所含文化含量的程度采取了不同的处理手法。对于小说中的一些普通人名，如"蒋碧月""钱鹏志""郑彦青"等，全部采取了音译。而对于具有中国传统文化特色，饱含着丰富情感意味和象征作用的女性角色的艺名则全部采用了意译："蓝田玉"译为 Blue field Jade（同时加了一条注释：Blue field Mountain in Shensi Province is famous for its rare jade. In China，jade symbolizes spiritual essence. 以便读者了解"蓝田玉"的象征意义。），"桂枝香"译为 Fragrant Cassia，"天辣椒"译为 Heavenly Pepper，而"月月红"则译为 Red-red Rose。

除了音译、意译，文学作品中人名的翻译还可以采用音译加注释的方法。接下来，以詹纳尔翻译的《西游记》中的译名为例对其进行分析。

原文：

祖师道："我门中有十二个字，……排到你，正当'悟'字。与你起个法名叫作'孙悟空'好么?"

译文："There are twelve words with in my sect…If we work out the generations of disciples, then you should have a name with Wu (Awakened) in it so we can give you the Dharma name Sun Wukong, which means 'Monkey Awakened to Emptiness'."

"孙悟空"的"悟"字，指佛教徒悟佛理，具有强烈的佛教意味；"空"则是梵语的意译，意为万物从因缘生，没有固定，虚幻不实。孙悟空就是修行者达到了悟空得道的境界。如果对这一名字直接用音译，西方读者很难体会到其中蕴含的佛教文化内涵以及这部作品的主题。詹纳尔的英译本采取了音译加注释的方法，在音译"Sun Wukong"的基础上，又进一步解释说明了该名的含义，即"Monkey Awakened to Emptiness"，传递了中文名字所蕴含的佛理。

除了上述提到的三种译名方法外，在对文学作品中人名进行翻译的过程中，还可以采用音译加脚注以及在前言中进行解释的方法。例如，《红楼梦》小说中使用的大量人名都是一语双关，不仅暗示人物的遭遇和命运，还揭示小说的主题和背景，表达作者的感情和态度。例如："甄士隐"谐音"真事隐"，在英语中很难通过音译或意译体现出来。《红楼梦》两个全译本的译者杨宪益夫妇和霍克斯都采用了在行文中音译，同时通过加脚注或在前言中进行解释的方法：杨译本的脚注是 Homophone for "true facts concealed"，而霍译本在序言中解释道"Zhen, another word play, who is a sort of mirror-reflection of the Jia family"。通过音译人名及分别在脚注和序言中的简单解释，英译文说明了甄（真）与贾（假）的谐音双关，从而使读者有可能了解原著人名的命名艺术。

不管用什么样的译名方法，作者为人物命名的用意和译名在译作中的一致性是所有译者都需要考虑的。老舍的小说——《骆驼祥子》中的主要人物祥子、虎妞和小福子的翻译如表 5-5-1 所示。

表 5-5-1 祥子、虎妞和小福子的翻译

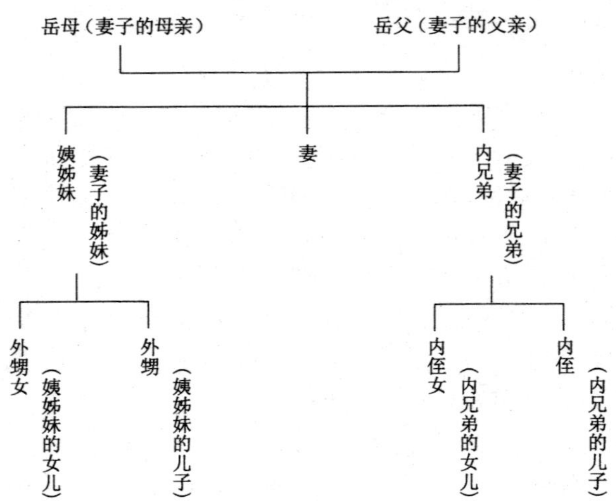

由表 5-5-1 可以看出，对于人名的翻译，三个译者采用的翻译手法各不相同：King 采用译意的手法，James 采用译音的手法，而 Shi 采用了三种方法：拼音（Xiangzi）、译意（Tigress）、另立新名（Joy）。相对来说，这三种译法中，King 的翻译要好一些，他的译法不仅保持了译名方法的一致，体现了原作者为人物命名的意图，而且还为下文的翻译做了铺垫，保持了译文语篇的连贯性。例如，当祥子又回到大杂院寻找小福子时，有这样的对话：

原文：

"我找小福子！"

"不知道！赶明儿你找人的时候，先问一声再拉门！什么小福子大福子的！"

译文 1：

"I'm looking for Little Lucky One."

"I don't know who you're talking about. The next time you go looking for any body, call out first before you go pulling people's doors open. None of this Little Lucky one, Big Lucky one business." (by Evan King)

译文 2：

"I am looking for Joy".

"Don't know her! And next time you come looking for someone, call out before walking in, joy or no Joy!" (by Shi Xiao qing)

译文 3：

"I am looking for Little Lucky One—Hsiao FuTzu!"

"Never Heard of her! Next time you go looking for someone, yell before you open the door. What's all this little lucky one big lucky one anyway?"（by James）

在原文的对话中，涉及了谈话人在人名上的进一步发挥。在 James 的译文中，由于译者将小福子译为了"Hsiao Fu Tzu"，在翻译这个对话时就显得捉襟见肘，不得不将祥子的问话"我找小福子！"译为"I am looking for Little Lucky One—Hsiao Fu Tzu!"，以作补救。这样翻译会让读者产生怪异的感觉：因为这儿祥子问话中的"Little Lucky One"在之前的文本中根本没有出现过，而且这种询问陌生人的方式也很突兀。可以看出，在翻译文学作品中的人名时，简单的音译是不够的。译者还需要考虑原作者的意图、名称的特殊含义以及上层含义。

总之，由于文学作品中人们的名字一般反映作者的创作意图，并带有丰富的文化信息，为了使目标读者能够正确理解原名的命名艺术和人名的文化内涵，翻译需求在准确把握原始主题艺术和名称命名的基础上，采用适当的人名翻译是灵活的。

（二）地名的翻译

一般来说，如果文学作品中的地名不是象征性的，则可以使用音译。然而，在实际翻译中，情况更复杂，有时可能需要采用多种方法。老舍小说《骆驼祥子》的第一章有很多地名。在翻译这些名称时，翻译人员采用了不同的翻译。在此不再详细说明。

第六章　翻译实践中语篇的跨文化翻译

翻译作为一种文化实践活动，不仅具有鲜明的文化特征，其语言转换过程中跨文化的语言运用过程，涉及了不同语言背景下社会、政治、文化、生活、娱乐的方方面面。本章将通过实际社会情境下的语篇翻译实例，来论述跨语境具体对应的翻译实践理论。

第一节　翻译实践中文学经典作品中的文化翻译

一、导言

作为民族语言精华的文学经典作品，其在翻译实践中的跨文化转换策略是文化翻译中的一项重要课题。本节将选取经典文学作品《红楼梦》的第一章英译为例，就其中的文化专项词翻译进行个案研究。

二、文化专项词及其翻译策略

文化专项词在文化翻译中表现了原语和译语的显著性文化差异，为了能够更好地理解跨文化翻译的策略技术，我们在本节最开始先就《红楼梦》第一章当中的文化专项词进行清晰划分。

（一）文化专项词的定义及分类

文化专项词又被称为文化负载词（culture-looded words）。但学者们到现在为止，针对文化专项词这个概念都无法形成统一的认识。

有学者认为文化负载词“是指那些在其原始意义或概念意义之上，蕴含丰富的社会文化意义的词语”（许翠敏、刘泽权，2008：20）。也有学者认为文化负载词是指在译语和源语中文化内涵不同的词语或者让译语读者觉得不可理解或难以接受的表达（刘海玲，2005）。西班牙翻译学者艾克西拉（Javier Franco Aixelfi）认为文化专项词通常是指“语篇中出现的仅限于源语文化的事物或分类和度量体系，或译入语文化不曾有的观念或风俗习惯的转述或描述”（1996：56）。

上面阐述的定义包含两个方面：（1）重点突出文化词汇针对的观念、事物和习惯在本族文化中独有的内涵；（2）相似的词汇在不同文化中具有不同的联想意义和功能。本节的阐述中，文化专项词更多指的是承载着本民族特有文化信息的词汇，其中包括表示汉语文化中独有的人物事物、风俗习惯、礼仪风尚、度量衡单位等。

据艾克希拉的定义来看，文化专有项可以分为专有名词类（proper nouns）和普通名词类（common expressions）。专有名词又可以进一步分为常规专有名词（conventional proper nouns）和负载性专有名词（loaded proper nouns），前者指的是本身没有特殊意义的专有名词，后者指的是有隐含意义或是明显特殊含义自身本就承载着一定的历史文化内涵。普通名词指的是表示各族文化独有的事物、习俗、制度和观念，且不能被归类为专有名词的词汇（1996：59）。按照上述分类，《红楼梦》第一章中文化专项词可分为：

1. 专有名词类文化专项词

（1）常规专有名词，如姑苏、北邙山、孔梅溪。

（2）负载性专有名词包括以下三个方面：

①作者出于某种写作目的而赋予特殊含义的专有名词，如大荒山、无稽崖、青埂峰、空空道人、茫茫大士、渺渺真人、十里街、仁清巷、葫芦庙、悼红轩、三生石、绛珠草、离恨天、蜜青果、愁海水、警幻仙子、太虚幻境、甄士隐、贾化、英莲、霍启、娇杏等。

②包含历史信息或典故的专有名词，如东鲁、班姑、蔡女、潘安、子建、西子、文君、红娘、小玉等。

③汉语文化中特有的节日名以及制度名，如大比、春闱、元宵佳节等。

2. 普通名词类文化专项词

（1）负载宗教信息的词汇，如僧、道、访道求仙、偈、空、色、情、投胎入世、度脱、沉沦、施主、神仙。

（2）表示汉语文化独有事物的非宗教词汇，如对联、字、社火花灯、鸳鸯、褡裢、太爷、大轿、乌帽、猩袍。

（3）表示汉语文化独有的计时度量词汇，如丈、黄道之期、三更、五鼓。

（4）汉英两种语言中具有不同文化内涵的非宗教词汇，如花柳、施礼、佳人才子、红灯帐、风月、烟花等。

在上述分类中，文化专项词具有两个共同特点：汉语文化有而英语文化无；或在汉英两种语言文化中的内涵或功能不对等。

（二）文化专项词的翻译策略

在《翻译中的文化专项词》（1996）一文中，艾克希拉根据对《马其他猎鹰》（*The Maltese Falcon*）三个西班牙译本的分析，总结出 11 种文化专项词的翻译策略。这些策略按照保留源语文化特色的程度处在异化与归纳两极之间，包括：（1）重复（repetition），指照搬原文；（2）转换拼写（orthographic adaptation）：（3）语言（非文化）翻译［linguistic（non-cultural）translation. 指参考译语中已有的译文或者字对字直译，尽量保留原文的指示意义和文化特色：（4）文外解释（extratextual gloss），指在运用前三种方法的同时加注脚、尾注、文内注、评论文字等文本外解释；（5）文内解释（intratextual gloss），指把解释放在正文里；（6）使用同义词（synonymy），即指用同义的词汇来翻译同一个文化专有项以避免重复；（7）有限普遍化（limited universalization），指选用译文读者熟悉的另一个源语文化专有项；（8）绝对普遍化（absolute universalization），指选用非文化专有项来翻译文化专有项；（9）同化（naturalization），指选用译语文化专有项来翻译源语文化专有项；（10）删除（deletion）；（11）自创（autonomous creation），指引进原文中之前没有的文化专有项。

另外，艾克希拉还补充了三种翻译文化专项词可能用到的策略，即补偿（compensation，指采用删除策略后，在译文另一个地方补充效果相似的自创）、移位（dislocation，指把原文的文化专有项移到译文的另一处）和淡化（attenuation，指把一些“过分”或者读者难以接受的文化专有项去掉，代之以“温和”且符合译语写作传统或者在理论上符合读者期望的表达）。

三、个案研究——《红楼梦》第一章文化专项词的翻译策略

在中国文学的众多经典作品中，被誉为中华文化“百科全书”之称的经典小说《红楼梦》以其厚重的文化历史内涵和精湛的艺术成就位居中国古代四大经典作品之首。清代在《竹枝词》中写道：“不谈红楼梦，不读所有诗书，谈一谈是徒劳的。”著名的红楼学者冯启勇将《红楼梦》称为“前所未见，后所未见”的杰作。如何翻译《红楼梦》中蕴含的丰富文化内容，也成为译者关注的焦点。

考虑到《红楼梦》中难以尽数的文化专项词，本节仅以该书第一章中的文化专项词的翻译为例来进行较为详细的探讨。《红楼梦》目前已有两

个完整的英译本，一个由英国翻译家霍克斯和闵福德翻译（霍克斯译前八十回，闵福德译后四十回），一个由杨宪益和戴乃迭夫妇翻译（合作翻译）。经过深入分析《红楼梦》第一章中文化负载词，同时结合艾克希拉对文化专有项翻译策略的分类，依据译者对源语文化特色的保留程度总结出七种跨文化转换策略：以音译为主导（保留源语发音，保留汉语文化特色）、以字译为主导（翻译字面意思，保留汉语文化特色）、具体化（缩小内涵，部分保留汉语文化特色）、有限普遍化（解释性地传达汉语文化特色，保留部分文化特色）、同化（用英语文化特色的表达代替原文化专项词）、绝对普遍化（释义翻译，无法保留原文的文化特色），以及删除（删掉原文化专项词）。在上述七种翻译策略中，音译和直译是保存源语言文化特征的最佳策略。然而，由于中英文的结构差异，这两种策略也最容易引起读者的困惑。有限泛化是一种折中策略，可以更好地传递源语言的文化信息。绝对普遍化有利于原意的传递和目标读者的理解，但翻译没有任何文化特征。同化在翻译中增加了目标语言的文化特征，容易抹去源语言的文化特征，造成文化误区。因此，每种策略都有其各自的优缺点。

（一）专有名词类文化专项词的翻译策略

在《红楼梦》第一章中，属于专有名词类的文化专项词主要采用了以下六种翻译策略：

第一种是音译相关的策略，包括直接音译和直接音译加上语言外的解释。它主要用于传统专有名词中地名和人名的翻译，包括同音调地名和典故地名。（下面的例子中，分号前的译文为霍克斯的译文，简称霍译，分号后为杨宪益和戴乃迭的译文，简称杨译。“*”号表示译文有注释，“*”号后面括号里的内容是注释内容。）两种方法的使用分别见于以下译例：

例 6-1-1：

孔梅溪　Old Kong Mei-xi；Kung Mei-his

英　莲　Ying-lian；Ying-lien

阊　门　Chang-men Gate；Chang-men Gate

北邙山　Bei-mang Hill；Mount Peimang

姑　苏　Soochow；Kusu *（present-day Soochow）

东　鲁　eastern Lu *（present-day Shantung）（杨译）

甄士隐　Zhen Shi-yin；Chen Shihyin *（Homophone for “true facts concealed”）

姓贾名化，表字时飞，别号雨村　Jia Yu—cun；Chia Hua *（homophone for "false talk"), Shih-fei, Yu-tsun

霍　启　Huo Chi（杨译）

班姑，蔡女　such talented ladies as Pan Chao or Tsai Yen * （Two ladies in the Han Dynasty noted for their scholarship）（杨译）

子建，文君，红娘，小玉　Tsao Tzu-chien, Cho Wen-chun, Hung-niang, Hsiao-yu * （Tsao Tzu-chien, Tsao Tsao's younger son, entitled…）（杨译）

第二种策略是基于逐字翻译，包括直接逐字翻译、间接逐字翻译和（直接/间接）逐字翻译加上解释翻译（包括语言外和语言内翻译）。下面就这三种翻译用例子加以说明。

"直接逐字翻译"指字对字地翻译字面意思，主要针对那些作者赋予特殊含义的专有名词，一般是地名的翻译，例如：

例 6-1-2：

大荒山　Great Fable Mountains; Great Waste Mountain

葫芦商　Bottle-gourd Temple; Gourd Temple

悼红轩　Nostalgia Studio; Mourning-the-red Studio

三生石　the Rock of Rebirth; Stone of Three Incarnations

绛珠草　Crimson Pearl Flower; Vermilion Pearl Plant

赤瑕宫　Court of Sunset Glow; Palace of Red Jade

离恨天　Realm of Separation; Sphere of Parting Sorrow

警幻仙子　fairy Disenchantment; Goddess of Disenchantment

太虚幻境　the Land of Illusion; Illusory Land of Great Void

愁海水　Secret Passion Fruit; Sea of Brimming Grief

无稽崖　Incredible Crags（霍译）

青埂峰　Greensickness Peak（霍译）

十里街　Ten-li Street（杨译）

仁清巷　lane of Humanity and Purity（杨译）

蜜青果　Secret Passion Fruit（霍译）

"直接逐字翻译"用来翻译专有名词的深层含义。它的主要翻译用途为一些文学作品中的同音地名和一些非重要人物的名字（包括作者赋予的特殊含义，如暗示同音人物的命运）。例如：杨译"无稽崖"（Baseless Cliff）和"蜜青果"（the fruit Secret Love）以及霍译"十里街"（Worldly Way）、"仁清巷"（Carnal Lane）和"霍启"（Calamity）。

"直接逐字翻译加解释"指主要用于含有谐音的地名翻译，如杨译"青埂峰"（Blue Ridge Peak * homophone for roots of love）。实际上就是采用直接逐字翻译与文外注释结合的方法。运用“直接/间接翻译加语言外译”的方法，不仅可以很好地保留原文的字面意义，而且作者在创作原文时赋予该词特殊意义的艺术手法也得到了充分展现。缺点是翻译过于冗长，破坏了原文的含蓄美。

从上面的例子可以看出，霍克斯在用同音调和非重要角色的名字翻译地名时，总是采用间接逐字翻译，而杨译和他的妻子在对这些名词进行翻译时所采用的策略与其不一致，杨氏夫妇对以上三种策略都有使用。

第三种是删除，有时用于含有典故的人名翻译，主要目的是减轻译语读者阅读负担，增强文学作品的可读性。例如：

例 6-1-3：

原文：（……就比那谋虚逐妄，却也省了口舌是非之害，腿脚奔忙之苦。）

再者，亦令人换新眼目，不比那些胡牵乱扯，忽离忽遇，满纸才人淑女，子建文君红娘小玉等通共熟套之旧稿。

译文 1：…and in doing so find not only mental refreshment but even perhaps, if they heed its lesson and abandon their vain and frivolous pursuits, some small arrest in the deterioration of their vital forces.（霍译）

译文 2：…Besides, this story offers readers something new, unlike those hackneyed and stale hodge-podges of sudden partings and encounters which teem with talented scholars and lovely girls—Tsao Tzu-chien, Cho Wen-chum Hung-niang　Hsiao-yu * and the like.（Tsao Tzu-chien [192-232]. Tsao Tsao's Younger son. Entitled Huo Hsiao-yu. the heroine of a Tang romance）（杨译）

对比译文 1 和译文 2 可以发现，译文 1 没有翻译“子建文君红娘小玉”等文化专项词，采取了删除不译的翻译策略，因为直译中国人名不仅会让英语读者摸不着头脑，而且增加读者阅读理解的负担。

第四种是绝对普遍化，即将原始语言文本特征的绝对普遍性转化为一种没有源语言文化特征或翻译语言文化特征的一般表达。该策略可分为解释（解释描述）、泛化（广义语义扩展）、相似词替换（同范畴内近义词翻译）。例如：

例 6-1-4：

原文：……以致满纸潘安，子建，西子，文君

译文 1：…and their different characters undistinguishable except by name (all those ideally beautiful young ladies and ideally eligible young bachelors)（霍译）

译文 2：…they are filled with allusions tohandsome，talented young men and beautiful，refined girls in history.（杨译）

例 6-1-5：

原文：……其中只不过几个异样女子，或情或痴，或小才微善，亦无班姑蔡女之德能……

译文：All I can find in it，in fact，are a number of females，conspicuous，if at all，only for their passion or folly or for some trifling talent or insignificant virtue.（霍译）

元宵佳节　the Fifteenth Night（泛化）

大　　比　next Triennial；the Metropolitan Examinations（释义）

春　　闱　spring examination；the Spring test（释义）

第五种是有限普遍化，指选用译文读者熟悉的另一个源于文化专有项，如霍译“东鲁”（the homeland of Confucius）。

第六种是具体化，即缩小词汇文化的内涵，部分地传达源语的文化特色的方法，使用源语词汇中包含的意义进行翻译，如将“元宵佳节”译为“Festival of Lanterns”。在汉语文化中，元宵节是个重要的节日。这一天人们除了赏花灯，还要进行猜灯谜、吃元宵、放烟花、耍“百戏”等庆祝活动，“赏花灯”只是其中的一个项目而已，英译只能部分传达汉语文化特色。

从以上分析可以看出，对于原作者赋予了特殊含义的地名，译者一般采用意译，不用或少用音译，因为这些地名的主要价值并非在于音韵（sounds）或可记忆性（memorability）、可识别性（recognizability），而在于再现作者为达到一定创作目的、实现作品艺术价值而特意赋予它们的特殊含义。当汉英文化差异导致翻译中保留音韵与实现意义对等不能两全时，无论是寓意直白的“葫芦庙”“悼红轩”“离恨天”，还是谐音含蓄寓意的“无稽崖”（无基崖）、“青埂峰”（情根峰）、“十里街”（势利街）、“仁清巷”（人情巷），两个译本的译者都选择将其多层含义（包括字面意义和谐音寓意）直接或间接地翻译出来。在具有浓郁汉文化气息的专项名词翻译上（如班姑、蔡女、子建、文君、红娘、小玉），杨译和霍译表现出明显不同的策略。杨从文化信息传播的角度采用音译加注释的方法保留原有文化特色；霍则从受众接受的角度考虑，选择泛化和省略的翻译方法，避免读者产生阅读负担。

（二）普通词类文化专项词的翻译策略

与专有名词的跨文化转换策略相比，文学经典作品中负载文化内涵的普通词类所涉及的文化翻译策略要更为复杂。在《红楼梦》第一章中，负载文化内涵的普通名词所采取的翻译策略主要包括以下七种：直接音译、以字译为主导、具体化、有限普遍化、同化、绝对普遍化、删除。

1. 直接音译

直接音译是指根据原文专业术语的发音转换成译语，主要是对它们具有典型的汉语文化特色、内涵丰富，且在英语文化中找不到任何对等或相似意思的翻译，比如："一僧一道"中的"道"。道士是中国道教文化的特有产物，西方宗教文化中没有对应的说法。考虑到道教在中国文化中的重要地位，两个译本都采用了英语世界已经普遍接受的音译法"Taoist"，保留了这个词的汉语文化特色。另一个词是"剧中小丑"的处理。"小丑"一词是京剧中的一个特有词汇，与英语中的"clown"在语义上并不完全对等，霍克斯的译文采取了音译，译为"like the *chou* in a comedy"。

2. 以字译为主导

基于单词的翻译策略包括直接逐字翻译和直接逐字翻译加上注释（文本中或文本外）。"直接逐字翻译"只传达源语言中文化词的字面意义。例如，"花柳繁华地"和"风月笔墨"的翻译。"花柳"在中国文化中具有"美女"和"妓女"的含义。旧时妓女常被描写为"其貌如花，其性如柳"。杨译使用了直接逐字翻译，译为"a place where flowers and willows flourish"。

此种译法虽然保留了汉语中的表达特色，但是并没有揭示其文化内涵，因此，读者很难领会到"花柳"一词在汉语文化背景下的真实含义。

在特定的语境中，直接逐字翻译文化负载词也是可以接受的。例如：

例 6-1-6：

原文：更有一种风月笔墨，其淫秽污臭，屠毒笔墨，坏人子弟，又不可胜数。

译文：Even worse are those writers of the breeze-and-moonlight school，who corrupt the young with pornography and filth.（杨译）

"风月笔墨"中的"风月"具有特殊的文化含义。《实用古汉语大词典》中释义之一为"男女恋爱的事情"，《红楼梦大辞典》对"风月笔墨"的解释为："喻指描写男女情爱的文字"。杨译采取了直接逐字翻译，译为"breeze-and-moonlight school"。这样译，一方面保留了汉语中的特定文化意象，另一方面也可以让英语读者了解此类词汇在汉语文化中的特殊含义。在上面的例句中，译文中的从句部分向读者解释了什么是"breeze-and. moonlight school"，一定程度上消除了读者可能产生的困惑。

"直接逐字翻译加解释"在普通词类文化专项词的翻译中仅有一处，即霍译"空、色、情"：Void（which is truth），Form（which is illusion），Passion：这种策略的使用在普通词类文化专项词的翻译中远远少于专有名词类的文化专项词的翻译。

3. **具体化**

具体化是指使被翻译的目标文本缩小原文本词汇的文化内涵，部分传达源语言的文化特征的文化转化策略。它表现为选择源语言词汇所包含的众多语义的一部分来进行翻译。如将"社火"译为"fireworks"。在汉语文化中，元宵节的社火内容丰富，包括村社迎神赛会所表演的诸种杂戏如舞龙、舞狮、跑旱船、踩高跷、扭秧歌等。"fireworks"只是译出此文化词汇较有代表性的一层含义，即社火中的烟花。

4. **有限普遍化**

有限的普遍化是指选择目标读者熟悉的另一种源语言词汇中所包含的文化意向来进行翻译。这种翻译策略可以更好地传达汉语的文化特征，同时为源语言增加了翻译目标语言的文化属性，使英语读者更好地理解。例如，"道士"译为 a Taoist priest 以及霍克斯对"对联"的翻译：

例 6-1-7：

原文：两边又有一副对联，道是：……

译文：A couplet in smaller characters was inscribed vertically on either side of the arch：…（霍译）

couplet 在英语中的意思是 two successive lines of verse of equal length，指诗歌中韵律和长度相同并且押韵的两句诗，这与汉语文化中的"对联"在语义上是不对等的。首先，汉语中的对联不需要押韵；其次，汉语的对联一般是贴或刻在门两边的，而且汉字是纵向排列的；最后，英语中的 couplet 则没有这种用途。如果英语读者读到"A couplet on the two pillars reads…"，他们自然的联想便是两句诗并且在石牌坊两边横向排列。霍克斯意识到了这种差异有可能导致的误解，译文中增添了"in smaller characters was inscribed vertically"。

5. **同化**

同化是一种用翻译目标语言中词汇的文化特色来替代源语词汇中的文化特色的翻译策略。这里可以用《红楼梦》第一章中中国传统文化特色下的宗教词汇和计量单位的英语翻译为例，比如，佛教用语"投胎入世"（incarnation in the world below；been incarnated）和度量单位"丈"（feet）的翻译，以及"偈"（a quatrain）、"度脱几个"（to save a few souls)、“炸供”(frying cakes for an offering) 等的翻译。这种策略的优点在于可以减轻读者的认知负担，缺点在于容易抹杀汉语文化特色。比如，霍克斯将“世人都晓神仙好”译为“Men all know that salvation should be won”以基督教中的概念“salvation”(上帝的救赎) 代替了道教中的“神仙”的概念，因而容易让西方读者产生错误认识。

6. **绝对普遍化**

绝对普遍化是指将原文的文化特征转换为一般表达方式，其特点是去除语言的文化特色，使其既不含源语言，又不含所译语言的文化特色。这个战略分为解释 (说明)、近似词的替换 (具有相同类别的近似词的翻译) 和通用化 (意思的一般化和意义的扩展)。

“释义”如“黄道之期”(The almanac gives the nineteenth as a good day for travelling; The nineteenth is a good day for traveling) 和“流落在烟花巷” (end in a foul stews, plying a shameful trade; may slip into a quarter of ill fame) 的翻译。杨译“空、色、情”(nothingness, manifestations, passion)、霍译“五鼓”(five o'clock) 以及“鸳鸯” (who…on silken bridal-bed shall lie)、“花柳繁华地”(luxurious opulent locality)、“风月笔墨”(erotic novel)、“佳人才子等书”(boudoir novel)。

“同类词替换”如“施主”(patron; sir) 和“褡裢”(satchel; sack) 的翻译。

“泛化”如“度脱几个”(to win over a few of them)、“上前施礼”(go forward and greet)、“炸供”(preparing the sacrifice),“三更”(well after midnight)、“僧”(a monk) 等的翻译。

又如下面的两个例子：

例 6-1-8：

原文：……(这人) 敝巾旧服，虽是贫窘，然生得腰圆背厚，面阔口方，更兼剑眉星眼，直鼻权腮。

译文 1：… His hat was flayed and his clothing threadbare; yet, though obviously poor, he had a fine, manly physique and handsome, well-proportioned features. (霍译)

译文 2：…His clothes were shabby yet he was powerfully built with an open face, firm lips, eyebrows like scimitars, eyes like stars, a straight nose and rounded cheeks. (杨译)

汉语言特有的语境文化背景，使得文化作品中对人物“腰圆背厚，面阔口方，更兼剑眉星眼，直鼻权腮”的表述中就自带了面相富贵的语境文化背景，因此与下文丫鬟才会寻思“怪道又说他必非久困之人”在行文表述上具有隐性的因果逻辑关系。这种语境的文化背景和行文的因果逻辑如果直译成其他语言后，自然就会造成行文逻辑的缺失。由于英语读者可能不会产生这种联想，霍克斯选择了泛化的翻译手法，将原文的细节描写简单地概括为"a fine，manly physique and handsome，well-proportioned features"。

例 6-1-9：

原文：昨日黄土陇头送白骨，今宵红灯帐底卧鸳鸯

译文 1：Who yesterday her lord's bones laid in clay，On silken bridal-bed shall lie today.（霍译）

译文 2：Yesterday，yellow clay received white bones；Red lanterns light the love-birds'nest.（杨译）

"红"这一词汇在中国的文化中带有"热烈""喜庆""吉利""幸福"等情感色彩，因此中国本土文化语境下的读者在看到"红灯帐"自然就能想到婚礼、喜庆、洞房花烛等画面，能明白它所指的婚床。而西语语境下的读者，白色是其婚礼文化的情感色彩，与此对应纯洁、美好的词汇语境。因此霍克斯的译本中，将前言中原文的红色相关的语言表述都替换掉了，避免了与英文中"红色"流血、暴力文化色彩的冲突，将"红灯帐"翻译成了"bridal-bed"。

7. **删除**

删除策略是省略原文中的文化项目，而不进行翻译或补偿。例如，当涉及贾雨村的"姓贾名化，表字时飞，别号雨村"时，霍克斯把它翻译成"Jia Yucun"，原来的"名化，字时飞、别号"都被省略了。中国古人除了姓名以外，还有字，通常是根据原来名字的意思，自己另外起的在意义上相近或互补的一个名；号是除了姓名与字之外的雅称，如李白字"太白"，号"青莲居士"。"字"和"号"是中国古代名字的独特表现形式。在英语中找不到完全等价对等意义和词汇表述。在西方国家，除了姓和名之外，只有一个宗教名称。宗教名称通常放在名和名之间，称为"中间名"。考虑到这种文化差异，霍克斯直接翻译了汉字的名称，删除了这些典型汉字的独特表达。

四、结语

下面我们将《红楼梦》第一章中所涉及的文化专项词的翻译策略粗略统计如下：

表 6-1-1　翻译策略统计

翻译策略	霍译	杨译
音译	9（7 专＋2 普）	5（专）
音译＋文外注释	0	6（专）
字译（直/间接）	19（专）	24（17 专＋7 普）
（直/间接）字译＋文外解释	0	1（专）
（直/间接）字译＋文内解释	1（普）	0
具体化	0	2（1 专＋1 普）
有限普遍化	3（1 专＋2 普）	3（普）
同化	9（普）	8（普）
绝对普遍化	22（5 专＋17 普）	15（4 专＋11 普）
删除	2（1 专＋1 普）	0
合计	64	64

注：“专”表示专有名词，“普”表示普通名词

根据以上图表可以发现，两个译本在翻译《红楼梦》第一章中的文化专项词时表现出以下特点：第一，在翻译专有名词时两个译本都更多地选择了以字译为主导的策略。其中，霍译使用了 19 次字译策略，而杨译使用了 17 次，主要用来翻译小说中那些包含特殊用意的地名和人名。第二，在翻译普通词类文化专项词时，两种译文都更多地采用了绝对普遍化这种抹杀文化特色的策略。这从一定程度上说明了无论译者的翻译目的如何，文化特色在翻译中的损失是难以避免的。第三，霍译倾向于使用绝对普遍化的策略来翻译负载文化信息的普通名词（达 17 次之多），而杨译则主要使用以字译为主导的策略和绝对普遍化策略（分别为 7 次和 11 次）。由此可见，以英语为母语的译者比以汉语为母语的译者更能够照顾到译文读者跨文化的认知能力。第四，处理文化负载词时，两个译本采用同化策略的次数大致相当（分别为 9 次和 8 次）。这说明了在翻译文化专项词时，杨译并不比霍译更为异化。第五，除了杨译在翻译带有谐音的专有名词时较多地使用了文外解释（6 次）的补充性策略以外，两个译本基本上都没有使用

加注和文内解释的方式来介绍文化信息，这与文学经典作为审美客体的主要功能有很大的关系。

第二节 翻译实践中广告文体中的文化翻译

一、导言

随着全球经济一体化和国际商品流通的增加，中国的企业和产品逐渐融入国际市场竞争中。广告是企业形象战略的重要组成部分，是进入其他国家市场的必要媒介。在某种程度上，广告翻译的成功将直接影响到我国的产品是否能更好地走向世界、在国际市场赢得客户的认知和欢迎。

广告的主要功能是劝导读者购买广告上的产品和服务。语言间的差别主要是，为实现目标读者与其原生社会、文化背景、广告信息价值的功能等价性，翻译者必须发挥很强的主观主动性和艺术创造性，将语言进行再生性转换。在对原始信息进行语言和文化转换这一点上，很多英国的广告表现优秀，很多广告被很好地翻译成了中文，并且凭借他们强大的语言魅力渗透到我们的日常生活中。与外国广告的中文翻译相比，中国广告翻译则过于生硬突兀，缺乏翻译灵活性。这种情况的主要原因是，广告的英语翻译者不能完全把握广告的文体特点，和一般的翻译不同，广告要遵循翻译成英语的原则和方法。特别是在翻译的过程中，注重词语的对应，并大胆的变化。

要想中文广告翻译成英语之后能获得良好的反响，翻译者必须遵循英语广告和欧美国家文化习惯的文体特征，在灵活性、艺术性、可读性上多下功夫，以达到促进广告宣传的目的。

二、广告文体翻译的原则和方法

广告的主要作用是说服读者购买广告中所宣传的产品或服务。广告翻译在目标读者中起到的作用直接决定了它成功与否。广告翻译应遵循“说服与购买功能相似”的原则。翻译应起到与原文相同的宣传效果、信息传递功能和情感传递功能。由于语言与目标读者和原读者的社会文化背景不同，为了在广告翻译中实现类似的功能，需要译者发挥其主观能动性和艺术创造性，在翻译中要灵活变通。译文不必斤斤计较和原文的文字对应，可以根据译文的社会和文化环境及译文行文的需要进行必要的变通和调整（李运兴，2000：272)。广告翻译的“功能相似”并不要求字字对等的

“忠实”翻译，而是较为灵活的对等，即广告翻译的受众是否像原广告的受众一样乐于掏钱买商家所宣传的广告产品。下面以 The Times（《泰晤士报》）的广告词的两个译文为例来加以说明：

例 6-2-1：

原文：We take no pride in prejudice.

译文 1：对于你的偏见，我们没有傲慢。

译文 2：对于有失偏颇的报道，我们并不引以为自豪。

英文广告词巧妙地援引了英国作家简·奥斯汀的 Pride and Prejudice（《傲慢与偏见》）这部在英语国家家喻户晓的文学名著标题，体现了《泰晤士报》秉承公平、公正的办报原则，起到了很好的广告效果。但当其译作中文时，文化差异使原广告效果很难传达出来。译文 1 试图体现这则广告语的引用，把《傲慢与偏见》这本书的两个关键词强加到译文中。但对这样的措辞，大多数中国读者都会有一种“师出无名”的困惑，看了之后不知所云。译文 2 虽然勉强表达出了公平、公正的意思，但给人的感觉却是《泰晤士报》并不总是报道真实的新闻，而且有失偏颇的报道本来就不应该引以为自豪。其实，在既难以保留原文的意思，又难以达到广告宣传的目的的情况下，译者可以放弃原文，采取另译的方法。比如，译作“正义的力量，舆论的导向”，效果就要好一些，既表达了公平、公正的原则，又表现了《泰晤士报》对舆论引导的重要作用，同时句尾的押韵又使译文读起来铿锵有力。

上述广告词所采用的翻译方法就是广告翻译中普遍采用的“意译法”。意译法区别于直译法最大的区别是放弃了逐字逐句翻译的方式，不考虑原文的语法结构和逻辑，翻译者根据原文所传达的语义信息，进行重新创作的一种翻译方式。意译法的核心在于忠于信息本身而不是忠于源文文本表述，这种方法很好地契合了广告的宣传效果和受众的接受语境需求。香港广告界大师黄霑指出：广告翻译，严格来说，不是翻译而是演绎。是一种因为实际需要而故意灌进原本没有的意义的一种表达方法。与文学翻译一类严守作者本意，力求信实神似的方法有本质的区别。

大约十年前的时候，香港广告业的创意部门还专门设有 translator 的职位。但是现在，这个位置已经完全消失了，“翻译”几乎成了一个 dirty word。广告业正以不同的方式将外国的国际广告融入香港市场，不仅在形式上，而且在精神上。它所做的是本土化的改写，这是一种为选择最佳作品而重写的策略，或者可以称为翻译的演绎版。

这些人不再说自己的工作是 translation，而爱称之为 creative interpretation“创造性演绎”。

所以，广告的最佳演绎，只要求“达”，这个“达”，是直达顾客心中，以及顾客的“荷包”里。其他一切，都不理会。

我们演绎外国广告，用的正是“删、存、补、掉”。不合的删去，合的保存；不足的补足，次序调合得令原来的东西溃不成军。（周兆祥，2000：57）下面的这则广告翻译很好地说明了这一点，中文版本和英文版本的实质内容基本一致，但英文版本根据译入语的语言文化习惯进行“创造性演绎”的地方随处可见。

例 6-2-2：

全北京向上看：

A. 如果世贸天阶没有天幕，那么在 CBD 内，能与之相提并论的高端商业就只剩国贸了。

如果没有世贸天阶（THE PLACE），那么在北京，原创的跨界商业不知要等多久才会出现。

如果不算北京，那么在全球，有天幕并每年靠其吸引数百万游客的地方就只剩拉斯维加斯了。

B. 试想，将 80 多层高的楼放倒后的长度乘以 10 层楼的高度，约 7500 平方米的屏幕放平后，再架到 8 层楼的高度，然后在这样的屏幕上播放长宽比为 8∶1 的影片。

当这样一个东西出现在北京 CBD 时，会是怎样的一番情景？

UPDATE your VISION

Without light，there is darkness，Without sight，there is no vision.

So seek the LIGHT and the VISION

The SKYCREEN@THE PLACE

A revolutionary technological advance，a destination Within the Central Business District（C. B. D）of Beijing for international fusion life-style shopping and dining beneath the SKYSCREEN，the largest LCD screen that you are likely to see，measuring 7,500 square metres.

Walk along the boulevard at THE PLACE，under the cover of the sky screen. At 250 meters long and meters wide you will feel immersed in an atmosphere and ambience never before experienced in Beijing.

Sit and rest a while amongst the cafes，bars and restaurants and view a prime time presentation.

Where sound and vision come to life with Beijing's C. B. D.

THE PLACE to see … THE PLACE to be!

三、广告文体中的文化翻译策略

接下来，本节将结合中国广告的英语翻译实例，从语言特点、情感传递和文化适宜性三个方面探讨广告英语翻译的必要性和翻译策略。由于商标词的翻译作为广告翻译的重要组成部分，在该节最后还将探讨商标词文化翻译的原则和方法。

（一）符合广告英语直观明快的语言特点

广告英译的艺术变通首先体现在语言的运用上。从汉英语言的特点来看，汉语突出物象、表现情理、喜欢托物寄情，所以汉语广告写作喜欢使用华丽的辞藻和朗朗上口的四字成语，而英语广告写作则更重写实和理性的事实陈述。英语广告强调用词简洁自然，叙述直观明快，多用句式简短的省略句、疑问句、祈使句等，而极少使用一环扣一环的复杂句（汪涛，2001：418）。这就要求译者在广告英译时，需要根据英语广告的表达习惯来重新组织行文，删掉那些译出反而显得拖沓臃肿的内容，以体现广告英语简洁直观的特点。举例来说：

例 6-2-3：

原文：西湖在杭州市区西部，面积约 6.03 平方公里……沿湖四周，花木繁茂；群山之中，泉溪竞流；亭台楼阁，交相辉映；湖光山色，千古风情，令多少人流连忘返。“上有天堂，下有苏杭”的赞语真是恰如其分。

译文：Situated to the west of Hangzhou，the West Lake area covers 6.03 square kilometres… The causeways，bridges，pavilions，springs，trees and flowers in and around the West Lake make it a paradise on earth，where one cannot tear himself away.

在这则广告的中文版中，中文的优美精妙让人一览无遗。但若字字对等去翻译，势必冗长繁杂。译文因而作了灵活的变通：原文的四字格词语迭用以“The causeways，bridges，pavilions，springs，trees and flowers in and around the West Lake make it a paradise on earth”的主句加上定语从句“where one cannot tear himself away”译了出来，既符合原意又不失简洁，将中文中的“神韵”与“气势”以简洁明了的英文句式表达出来，令人读起来一气呵成又能深会其意。

例 6-2-4：

原文：一电通减价热浪迫人而来，让您在炎炎夏日以炽热价每分钟 \$1.0 致电中国、美国、英国、澳洲及加拿大。如此热烘烘之优惠，定能令您完全融化。快快投入一电通之炽热旋涡，以独一无二之姿态横扫各大热点。

译文：IDD hot wave is now coming to town. Call your favourite spots: China, USA, UK, Australia and Canada at just ＄1.0 per minute. It's one. Tel Summer IDD fever that you never gonna miss.

这则中文电讯广告使用了大量修饰性或描述性的词语（如“热浪迫人”“炎炎夏日”“炽热价”“热烘烘之优惠”“完全融化”“炽热旋涡”“独一无二之姿态横扫各大热点”等）来增强感召力，鼓动人们使用一电通服务。这种修饰词繁盛、信息过剩的广告若一字一句地忠实地译成英文，其译文必然不堪卒读（张新红等，2003：237）。在英语翻译的过程中，翻译者采用了符合广告特性的语言特色，做了灵活性和变通性的语言处理。除了保留原文本（公司名称、地名、价格、优先语等）必要信息以外，原文本中的所有可更改或描述的单词均从翻译中省略。这样，翻译版的广告表述简洁明了，商品信息被完整而流畅地传达出来。

（二）突出译文的情感传递

为了实现广告的说服功能（persuasion），广告必须在有限的时间和空间内抓住受众的注意力（attraction），激发他们的兴趣和情感（conviction），并深深地打动人们，促使人们采取行动。成功的广告不仅要有信息价值，而且要有移情功能，通过情感的传递，说服消费者在广告中购买商品或服务。这是广告在情感传递中的需求，也就是说，要使没有情感的商品充满情感色彩。例如喜来登大饭店的一则广告。

例 6-2-5：

原文：One of the greatest pleasures in life is simply to be treated as an individual. To speak and be heard. To ask and be helped. That's why we created Sheraton Towers. To offer you what you want, when you want it.

译文：生活中的最大快乐莫过于受到尊重。说话有人听，需求有人照料。我们创建喜来登大饭店的目的正是如此，在您需要的时候，为您提供服务。

这则广告中的“To offer you what you want, when you want it.”充分体现了喜来登大饭店为顾客着想、为顾客服务的宗旨，使顾客读后能够产生一种宾至如归的好感。

再如，安联集团的一则广告词 Wherever you are. Whatever you do. The Allianz Group is always on your side.（安联集团，永远站在你身边）更是全方位体现了消费者至上的服务理念，无形之中拉近了与消费者的距离。

与其他形式的翻译相比，广告翻译更需要强调情感的传译，从而唤起消费者对广告及商品的好感，激发人们的购买欲望。突出译文的情感传递应是广告翻译艺术性的一个重要方面。然而，有些汉语广告的英译在这一方面却处理得并不成功。

例 6-2-6：

原文："咪咪脆棒"，适用于居家旅游实用。

译文："Kitty Crisp Bar" is suitable to eat both at home or out for traveling.

例 6-2-7：

原文：我部以良好的信誉、雄厚的资金实力和一流的服务质量，竭诚为广大客户提供全面的优质服务。

译文：The Department is ready to provide the customers with all-around perfect service on the basis of good credit，financial strength and quality service.

这两则广告的英译文都忽略了消费者的存在和迎合消费者心理的需要，缺乏亲切感和情感交流。上例中的"provide the customers"更是流露出一种高高在上的态度，难免引起读者的不悦和反感。而下面的改译文在情感传递方面效果要好一些。

"Kitty Crisp Bar" is a lovely partner both in your family life and on your trip.

译文采用拟人的修辞手法将所宣传的商品人格化，通过赋予商品以感情和生命，给消费者一种亲切感和人情味，来打动消费者购买其商品。

Our department offers you all-around services with good credit，financial strength and best quality.

译文用"Offer"这一动词与第一人称代词"Our"和第二人称代词"You"的亲切口吻将消费者放到了一个很高的地位。阅读这则广告，读者可以在英文亲切随和的语气中，感觉到商家消费者至上的服务理念，从而对其服务产生好感。

译者如果能够摆脱"忠实"原则的束缚，大胆创新，广告英译在情感传递方面是可以做得非常成功的。例如：

例 6-2-8：

原文：轻弹玉指，艳惊天下（女式烟广告）

译文：Not Only a Ring Could Offer You Fingers' Beauty.

例 6-2-9：

原文：爱你一辈子。（护肤品广告）

译文：Love me tender，love me true.

例 6-2-10：

原文：美的，原来生活可以更美的！（美的空调）

译文：Midea，it is your idea！

仔细品味这三则广告译文，可以看出，三则译文都不是原文的直接翻译，而是根据商品的特点，作了灵活、巧妙地处理。例 6-2-8 的译文以戒指并不仅仅是展示女性玉指风采的唯一，含蓄点出了香烟赋予女人的魅力；例 6-2-9 的译文以英美人所喜欢的一句歌词“Love me tender，love me true.”号召消费者珍爱自己，激发他们的购买欲望；例 6-2-10 的译文则以拆字的手法，使消费者相信“美的”空调是根据你的品味，为你量身打造的产品。

广告翻译为实现其传播效果，消除受众与传播者的距离感，在人称上使用了区别于汉语的表述方式：英语广告经常采用“以您为先”的态度（you attitude），而汉语广告通常使用第三人称。请看下面的例句：

例 6-2-11：

Promises kept At Swissotel，we work hard to earn our reputation for reliability，promising not only to meet your expectations，but to exceed them.

See what a pleasure business can be at Swissotel. You will feel better for it，we promise.

例 6-2-12：

北戴河海滨……实为中外游人的避暑胜地。

例 6-2-13：

京伦饭店绝好的位置无论对旅游观光者，还是商务客人都是最佳选择。……整个房间使人感到安逸、轻松、愉悦。

例 6-2-14：

本公司热烈欢迎各国朋友前来洽谈贸易，建立各种形式的经济合作关系。

广告英译如果忽略了人称使用上的差异，没有采取“以您为先”的态度（you attitude），译文就会不符合英文读者对英文广告的阅读期望，广告宣传效果无疑会受到影响。

例 6-2-15：

原文：饭店……为每位宾客提供尽善尽美的服务。

译文：The hotel seeks to provide every guest with services of the highest quality.

译文中，“每位宾客”译为 every guest。这就使译文不符合英文广告写作中一般使用第一和第二人称代词以达到拉近与消费者距离的表达，广告宣传效果势必大打折扣。

（三）入乡随俗、文化适宜

如何处理好中西文化的巨大差异，是英语广告翻译工作者面临的最艰巨的任务。语言不仅是文化的一部分，也是文化的载体。广告作为语言的一部分，必然反映出语言所代表的文化。因此，对广告背后丰富的文化内涵的理解和灵活的翻译是英语翻译广告不可或缺的组成部分。例如，日本三菱汽车在美国市场的广告词“Not all cars are created equal”套用了美国《独立宣言》中“all men are created equal”这一美国人妇孺皆知的警句，不仅使美国人读来亲切，而且突出了其产品的与众不同。在中国市场，若将该广告词套译为“并非所有的车都生来平等”就会使汉语读者觉得莫名其妙，失去了原广告创意人的良苦用意。三菱汽车相应的汉语广告词“昔有千里马，今有三菱车”就是根据中国人的文化传统和审美心理所做的成功变通翻译。因此，广告词的翻译不仅要根据字面意义，还要考虑语言、文化、政治、风俗等其他因素，否则，翻译将违背目标国的文化，影响产品在其他国家的销售。

在英译广告中，有不少译文没有考虑到文化的因素，拘泥于原文的字面意义。

例如下面这两则广告词的翻译：

例 6-2-16：

原文：何以解忧，唯有杜康。（杜康酒）

译文：Nothing but “Dukang” liquid to militate sorrows.

在例子中，杜康酒的广告词引用了曹操《短歌行》中的诗句“何以解忧，唯有杜康”，译文完全是字对字的翻译，英语读者很难明白为什么只有此“liquid”可以“militate sorrows”。实际上，好的广告词的翻译不仅注意形式优美、讲究修辞、追求音节和谐、朗朗上口，而且也考虑到因文化差异带给读者的隔膜。

（四）商标词的文化翻译

商标是该产品的第一张名片。商标词的翻译是广告翻译的重要组成部分。在许多情况下，商标词的翻译实际上不是“翻译”，而是一种文化重写。一方面，商标词的形式在很大程度上决定了商标词的翻译方法。

在商标词中，除了普通词汇，其他两种方式无论是专有名词还是臆造词实际上都是不可译的。例如，以人名命名的德国名车 Mercedes-Benz 和由 continuous action 缩略而成的臆造词 Contac（感冒药）无论采用什么样的翻译手法都很难译成“奔驰”和“康泰克”；另一方面，给产品重新命名也是聪明的商家为了更有效地在国际市场上推广自己的产品，迎合消费者心理的一种营销手段。许多外国公司在进驻中国市场之前，会对自己的品牌名称的翻译反复斟酌，以使译名符合中国的文化习惯。例如，Ikea（家具）这个商标词本身是个臆造词，是该品牌的创始人用他的名字（Ingvar Kamprad），他所经营的农场的名字（Elmtaryd）和他出生的小镇的名字（Agunnaryd）的首字母所组成的。而其中文名称“宜家”不仅暗示了该产品与“家居”相关，而且含有丰富的中国文化内涵，能够使人联想到《诗经》中的诗句“桃之夭夭，灼灼其华。之子于归，宜其室家”。同样，BMW（汽车）的中文名称“宝马”也与原商标词的词义没有任何关系（BMW 源自德语，是公司全称“Bayerische Motoen Werke”的缩写，Bayerische 是德国南部一个州的州名，首府是慕尼黑）。相反，中文译名“宝马”是一个非常具有中国诗意的文化符号，能够使人情不自禁地联想到古诗中所咏的宝马。

《诗曰》

（宋）姜白石

元宵争看采莲船，宝马香车拾坠钿；
风雨夜深人散尽，孤灯犹唤卖汤元。

《青玉案·元夕》

（宋）辛弃疾

东风夜放花千树，更吹落，星如雨。
宝马雕车香满路，凤箫声动，壶光转，一夜鱼龙舞。
蛾儿雪柳黄金缕，笑语盈盈暗香去。
众里寻他千百度，蓦然回首，那人却在，灯火阑珊处。

可以说，在大多数情况下，商标词的翻译都是一个聪明的商人根据目标语言的文化特征，给自己的产品起一个“高端洋气”的新名字，以迎合目标语言消费者的文化偏好，从而触动消费者的文化情感。

四、结语

总而言之，在将中文广告翻译成英语的过程中，翻译者做的不仅仅是单纯的语言转换和机械性的“忠诚”翻译，还要在功能性、等价性原则下给予主动性和创造性的充分发挥，从而达到精确的信息传达。只有通过这种方式，英语翻译广告才能真正发挥其推广作用，实现说服和购买功能，并获得渠道和发芽于外国土地，显示其艺术之花。

第三节　翻译实践中影视字幕中的文化翻译

一、导言

随着世界的全球化发展格局和科学技术的日益进步，使得大量的国外影视作品开始进入中国的消费市场。对于不懂外语的人来说，外国电影的翻译版本就是很重要的渠道，影视作品反映了一个国家和民族的历史、文化和社会生活，所以，字幕翻译的过程包含了大量的文化因素。本节将从文化的角度探讨字幕翻译的方法和策略。

二、字幕翻译的特点及策略

字幕翻译，最开始流行于1929年美国有声电影在欧洲的放映（Gottlieb，2002）。由于欧洲地区语言种类丰富，语言现象较为复杂，因此经常出现多种语言之间的字幕互译。根据文本类型划分，字幕翻译属于视听翻译（Audio Visual Translation），是译入语文化中被认为或者被呈现的录制视听材料的翻译（“the translation of recorded audiovisual material which is presented or regarded as such within the target culture”）（Karamitrouglou，2000）。视听翻译涉及广泛，包括语际翻译和语内翻译。语言内翻译包括听力障碍者字幕、舞台剧和歌剧字幕、新闻节目同步字幕。语际翻译包括字幕翻译、配音和画外音。本节着重介绍的是影视字幕翻译。

字幕翻译是一种特殊的语言转换，是“视听产品原文本的口语（或书面语）转变为书面语并添加到原产品图像上的译文”（Gottlieb，2002）。

字幕翻译有如下几个特点：（1）字幕翻译关系着语言形成的转化，需要在屏幕上把口语转化为目标语，是“原生口语浓缩的书面”（Nedergaard-Larsen. 1993）。（2）为了使观众可以更好地欣赏影片，字幕是添加在影片画面之上的，观众在观看时可以将字幕与影片中的信息结合起来，从而弥补视听信息。（3）字幕通常在屏幕下方，需要与屏幕中呈现的图像同步。我国影视翻译家钱绍昌根据自己翻译影视片的经验，总结出影视语言具有如下五个特点：综合性、瞬时性、通俗性、聆听性和无注性。除了聆听性是针对配音翻译以外，其他四个特点适用于字幕翻译。“综合性”指的是观众同时接收字幕信息和图像、声音（包括对白、音乐及其他声音效果）

等信息，在一定程度上弥补了字幕本身无法表达或者表达不够充分的空缺。“瞬时性”指的是字幕在屏幕上停留的时间短，稍纵即逝，译者必须严格控制每一行的译文字数。一般情况下，屏幕上的字幕一次只会显示一行。对此，CCTV 电影频道做出规定，每行汉语字幕不超过 14 个汉字，停留时间 1 至 3 秒。而对于英语字幕，每行字幕控制在 36 个字幕以内，即 1 秒钟展示 12 个英文字母，每行展示 3 秒（Pederson，2005：14）。“通俗性”是指字幕语言必须通俗易懂，因为字幕翻译大部分是对白翻译，本质上是口语的书面化表达。而且，考虑到影视受众面广，简单的用词和句子结构更有助于观众理解剧情。

“无注性”是指字幕翻译因受到空间、时间的限制，几乎不能使用注释。是字幕翻译与其他类型翻译区别的一个重要特点。影视片中允许在对白之外做文字说明，如在片头用字幕介绍故事发生的历史背景，在片尾介绍故事的结局，或在片中打上地名和年份（如“巴黎 1940 年”），或以旁白的形式出现，但是这些都是原片给出的信息，译者不能另加字幕或旁白以作注解。

人们说话比阅读快得多。这意味着在角色说出一个词后，观众需要花更多的时间阅读字幕。

字幕翻译有时间和空间的限制。一般来说，读一个单词，需要 1 秒钟以内；1～1/2 秒内，可以接受 2～3 个短单词；2 秒钟以内，大约可以接受的长度是 26 个字母。以此类推，每多半秒钟时间，字幕长度多 7～8 个字母。字幕翻译所遵循的“缩、直、简”原则以及最常使用的缩减策略就是由字幕翻译所受的这两种限制所决定的（李运兴，2001）。缩减策略指将原语内容进行压缩，集中表达其中心意思，压缩的程度视该帧画面停留的时间而定。比如，在电视剧《康熙王朝》（*The Emperor Kangxi*）中，佟妃去见皇太后，哭诉自己对儿子的思念之情。皇太后用自己的切身经历安慰她说：

例 6-3-1：

原文：可是我呢，我生顺治的时候，还没有到三个时辰就被奶娘给抱走了。

译文：But when I gave birth to Shunzhi，I only had him for a few hours.

第二句若翻译成 It was less than six hours before the wet-nurse carried him away，不仅超出了字数的限制，而且也不能突出中心信息：即皇太后和儿子相处的时间更少。由于这儿时间是字幕要传达的重点信息，“被奶娘抱走”则是次要信息，可以忽略不译。缩译策略一般采用以下三种方式。

(一) 保持原意,用更短的表达法代替

例 6-3-2:

原文:跟咱们矿上没有任何关系。

译文 1:It has nothing to do with US.

译文 2:We aren't responsible.

(二) 拆分原有的句子结构,只传达意思

例 6-3-3:

原文:学校是你家开的,你想回去就回去啦?

译文 1:Is the school run by you and you can go back to it whenever you want to?

译文 2:The school isn't run by you or for you.

(三) 中文表达有时重复,英译时需注意避免冗余,将重复部分或者与中心主旨无关或者次要的信息进行删减

例 6-3-4:

原文:还夜夜必宿,还夜夜必宿承潜宫。

译文 1:And he insists on spending…spending every night in the Chengqian Palace.

译文 2:And spending every night in her quarters.

字幕翻译作为影视作品台词语言的转换,要充分考虑其本身的逻辑性和断句的合理性。为了帮助观众充分理解影视作品思想风格、艺术表现手法,字幕在进行语言断句和意群分割的时候,要充分考虑与演员语气停顿,人物性格相符的语言风格进行字幕翻译。另外,影视视屏空间的限制,使得字幕翻译还要考虑各帧的画面上字幕的完整性,语法成分的合理性和逻辑结构的紧凑性,保证字幕的断句与影视画面中演员的台词同步而一致。

追求两行字幕长度一样的同时还要注意在合理的地方断句。

三、影视字幕中的文化翻译策略

电影和电视剧翻译不仅是两种语言的替换,也是两种文化的冲突。作为国家社会文化的集中反映,影视必然在他们的字幕上具有许多独特的文化内容。在翻译过程中,翻译者要注意翻译文化内容,以便于观看者理解

和欣赏影视作品。在翻译字幕中的文化信息时，译者应“多用直入式，少用或不用归化模式”，因为字幕翻译中“一般不存在绝对的文化阻断”，视听信息可以为观众提供某种程度的补偿（李运兴，2001）。下面我们将结合具体的译例，分析字幕翻译中如何更好地处理各类文化信息。

（一）文化意象或比喻的翻译

影视语言是生动的，经常用一个国家独特的文化形象或隐喻来表达人物的情感。在翻译这些形象或隐喻时，我们可以通过保留原始形象或隐喻，稍作调整或直接翻译，使外国观众更好地理解和欣赏电影的内容。例如：

例 6-3-5：

原文：你看你，跟个落汤鸡似的。

译文：You look like a drowned rat.

例 6-3-6：

原文：我看你这几天就不对劲，你吃错药了？

译文：You've been acting weird lately. What's the matter?

在翻译“玉皇大帝”时，译者保留了原有的意象，原汁原味地体现了电影角色的个性化谈吐。在例 6-3-5 中，原有的比喻是“落汤鸡”，译文中换成了 drowned rat，使用了译入语文化中的对应形象来替换，既传达了原文喻义，也不失语言生动。在例 6-3-6 中，“吃错药”是中国特有的俗语，形容一个人表现不正常，此处采取疑问句的形式，表示质问，“你怎么回事？”如果直译，国外观众只会一头雾水，或者以为该角色真吃错了药。译文采用了释义的方法，准确地传递了原文的意思。

（二）称呼语的翻译

作为能充分反映人物的形象、性格、个性等重要特征的称呼语，不仅能传递特有的文化信息，还能折射英汉语言中的文化差异。一般来说，如果直译称呼语不能立即使观众理解其意思，或者与观众的习惯差异较大，则必须明示呼叫中的核心意义或具体对象，忽略其词汇中其他文化元素的翻译。例如：

例 6-3-7：

原文：刚才火车叫，太太回来了吗？（3：01）

译文：I heard the train whistle. Is my wife back?

这是“少爷”问下人老黄的话，他们之前正好在谈论已经过世的老爷和老太太，此处“太太”指少爷的妻子。若译成 the young mistress 可能会使西方观众对他们之间的关系感到困惑。直接处理成 my wife，意思间接明了，而且字数也比直译的字数少。

（三）中国特色表达的翻译

具有中国特色的表达方式是指一些具有深厚中国文化内涵的独特表达方式。翻译这类词语时，译者应以生活化的文化语境为出发点，以客观的态度考虑受众的文化接受能力，尽量保持原文的文化色彩进行翻译，让字幕文本不至于太过生硬晦涩。具体来说，可以采用直译加解释、文化替代、直接释义等方法。

例 6-3-8：

原文：九大之后，我爸爸他们接受了新任务。

译文：After the 9th Party Congress in 1969, my dad was assigned new tasks.

“九大”是指 1969 年召开的中国共产党第九次全国代表大会，此处“九大”主要目的是表明时间。由于西方观众对中国历史并不清楚，翻译时需指明具体的时间。

例 6-3-9：

原文：等改完了剧本，你再唱你的西厢记或再唱你的陈世美。

译文：After finishing the script you can play out your “Casablanca” thing.

以上这句话是制片人对搞婚外恋的男主人公说的。《西厢记》和陈世美都是中国特有的故事和人物，在中国可谓家喻户晓，但是对于西方观众来说则是完全陌生的。为了使读者更好地理解对话的内容，译者使用了类似题材的西方故事《卡萨布兰卡》来替代。

例 6-3-10：

原文：一觉回到解放前。

译文：Back to square one.

“一觉回到解放前”表达的是改革开放初期土地承包制刚刚推行时，有些群众思想转不过弯，以为新中国成立前的私有制又恢复了。在电影《横平竖直》里是被女主角活用，表达前功尽弃、回至原点的意思。英语里 back to square one 来源于西方棋盘游戏，表达的恰好是相似的意思。需要注意的是，文化替代有其局限性：一是不能做到原汁原味地再现原有的文化，二是在中国影视剧中出现纯西式的文化因素有时会显得牵强，不符合社会历史语境，给观众不真实之感。

例 6-3-11：

原文：捡个烟屁股也捡不出个红塔山。——《疯狂的石头》

译文：Even these cigarette butts are lousy brands.

“红塔山”代表中国烟草的经典产品，在普通烟民眼里算得上是好烟，此处用来代指“好烟”。这是说话人抱怨自己运气差，竟然连烟头都捡不到好的。译文通过采用直接释义的方法，将对白的核心意思展现给观众，意思一目了然。

四、结语

中国的电影翻译始于中华人民共和国成立以后。由于当时大多数外国电影都是配音的，字幕翻译近年来才得到广泛应用。字幕翻译仍是一个新的领域。钱少昌曾经对现今的影视翻译做出过阐述，其大致意思是：当今翻译电影的观众在数量上远多于迂回的翻译文学作品的观众（读者），影视翻译在文学翻译中对社会的影响根本不存在。相反，影视翻译在翻译界的重要性远远低于文学翻译。近年来，随着中国经济地位的提高和中国文化走出去战略的实施，中国影视作品越来越受到西方观众的欢迎，字幕翻译对中国影视作品走向英语世界的成功起着重要作用。

第四节　翻译实践中政治文献中的文化翻译

一、导言

政治文书翻译是中国对外宣传翻译非常重要的一个组成部分，也是国际社会了解中国政治、经济、文化现实和政策的一个很好的窗口。全球经济一体化和中国经济的迅速崛起，怎样使世界更加准确、及时地了解中国，中国怎样更好地融入国际社会，政治文书的翻译起着决定性作用。本节将讨论政治文书翻译的特点、原则和策略，重点以近年来政府工作报告的翻译作为分析的对象。

二、政治文献的翻译特点及原则

政治文献主要是指党和国家领导人的言论和讲话、党和政府的文件和工作报告等。政治文献的翻译具有以下特点：准确性、政治性、时效性、单义性、客观性和完整性。准确性是政治文献翻译的首要特点和最基本的原则，译文需要精准的反映原文信息，准确地表达出原文的立场及其态度，不能有丝毫歪曲和偏离。政治文献翻译要讲政治，译者需要有政治头脑和政治敏感度，拿捏好用词的政治含义和与之带来的影响。特别是在翻译一些涉及党的政策、国家利益、政治主张等内容时，不能偏离党和国家的政治目标和政策轨道。时效性是政治文献翻译的另一个特点，一些反映时代变迁的新词新义，要不断完善与之对应的翻译；对一些过时或者不妥的译法要及时修正：单义性是指政治文献的词语或句子一般只有一个解释或表达一种意义，翻译时要尽量避免歧义。客观性指政治文献用词客观、质朴，不带感情色彩，翻译要确保政治文献的严肃、规范及可靠。完整性是指忠于原文，译文不能随意地进行增减。以上的六个特点彼此依赖，相互影响，其中，政治性和时效性是政治文献翻译中最突出、最具区别性的特点（王小萍，2006）。

政治文献翻译的首要原则是“信”，即译文要忠实于原文。纽马克（2001）根据语言所具有的功能，将语篇分为表达、信息和呼唤三种类型。政治演说和政治文献属于表达类型中的权威性语篇。为体现语篇的权威性，“翻译的重点应放在源语上”，一般采用直译的翻译方法。王弄笙（1990）认为从事外事翻译工作要有政治敏感度，“信”在翻译政治文件中尤为重要。译者须仔细推敲用词的政治倾向，掌握分寸，注意轻重褒贬。

“中国大陆”不能译为 mainland China，只能是 Chinese mainland；“早日实现祖国统一”中的“统一”不能译为 unification，而应译为 reunification。台湾自古以来就是中国领土不可分割的一部分，因为历史原因与中国大陆分开，reunification 一词符合我国在台湾问题上的一贯立场，并且准确地表达出了“统一”的内涵。

政治文献翻译还有一个重要原则就是遵守目标语言的惯例。话语的功能之间是相互交织的。政治话语不单单只具有表达功能，而且还具有吸引力的功能，从而达到政治宣传的目的。因此，翻译是否符合目标语言的习惯决定着翻译中能否实现文本的调用功能以及目标读者是否容易理解。王平兴（2010）认为翻译政治文献时，译文要符合译入语的习惯，将中国的政治话语通过翻译转换成海外受众易于理解的表达。

三、政治文献中的文化翻译策略

政治文献翻译中有四个突出的问题：（1）中国特色词语的翻译；（2）缩略语的翻译；（3）时代特色鲜明的词语的翻译；（4）避免“中式英语”的表达。下面我们针对这四个问题探讨政治文献当中的文化翻译策略。

(一)中国特色词语的翻译

中国的特色词语象征了中国特色的概念和代表汉族文化特征的词语和政治用语。往往这些特色词语具有鲜明的文化特征。在翻译有中国文化特色的语言时，翻译者不能一味地遵从原文中的语法形式。而是应该在正确理解原文意思之后充分发挥译文的特点，以所译语言中相应的表现方法来做相应表述。举例来说：

例 6-4-1：

原文：稳定粮食生产，……保障“米袋子”“菜篮子”安全。

译文：We will keep grain production stable… and ensure the food supply.

“米袋子”和“菜篮子”是富有汉语鲜明特色的比喻，形象地表达了“粮食供应”这一抽象概念。2010年政府工作报告将保障‘米袋子’‘菜篮子’译为“the security of the ‘rice bag’ and ‘vegetable basket’”，虽然保留了比喻，但英语读者很难立即联想到它们指的是“粮食供应”。而且，security不能与“rice bag”和“vegetable basket”建立起符合英语逻辑的搭配关系，因此后来的译文放弃了原来的直译法，意译为“ensure the food supply”，译文简洁明了，便于读者理解，既准确表达了原文的内涵，也贴近英语读者的思维习惯。

例 6-4-2：

原文：打好节能减排攻坚战和持久战。

译文：We will strive to conserve energy and reduce emissions.

“攻坚战”和“持久战”是中国政治文献中常见的比喻，形容任务艰巨持久。如果采用直译，不仅会偏离原意，而且容易使英语读者对我国的节能减排政策产生误解。因此，翻译时译者舍去了原文的比喻，意译为strive to do something，准确地表达了原文所要传达的含义。

例 6-4-3：

原文：我们发挥政府投资“四两拨千斤”的作用，引导带动社会投资。

译文：We guided and stimulated non-government investment by means of well-leveraged government investment.

“四两拨千斤”原本是武术术语，用来形容太极拳是一种不能以拙力胜人的功夫，因此这一俗语后来常指以小胜大，以巧胜拙；此处引用用来比喻政府投资可以发挥“小而巧”的带动作用。英译well-leveraged与汉语的“四两拨千斤”所表达的意思基本对等，贴切传达了原文的意义。leverage 由杠杆一词的英文 lever 派生而来，意思是“杠杆作用”，还可引申为“影响力”。well-leveraged 形象地表达了政府投资的“杠杆作用”。

（二）缩略语的翻译

政治文献中另一类常见的语言现象是缩略语的使用。

在翻译时，译者需要真正理解其缩略词的含义，之后通过直译加注或意译的方式，清楚表达译文的意思。

翻译时，译者需要深刻理解缩略词语的内涵，通过直译加注或意译的方式，使译文意思表达清楚、明晰。例如，在谈到中国大陆和中国台湾直接通航、通邮、通商时，我国政府工作报告中将之简称为“三通”。在翻译成英语时，考虑到西方读者缺乏相关的文化背景知识，译文就不能是简单地字面翻译“three-links”，而是需要把中文里所隐含的信息在译文里加以明晰化：direct links of transport，mail and trade between the sides of Taiwan Strait。又如下面的几个例子：

例 6-4-4：

原文：我们必须合理确定“低保”标准，切实做到应保尽保。

译文：We must rationally determine the criteria for basic pensions for retirees. and subsistence allowances for needy urban residents，so that all the eligible urban poor will receive the benefits to which they are entitled.

“低保”是居民最低生活保障的简称，是指在城市已经建立了国有企业下岗职工基本生活保障、失业保险和城市居民最低生活保障等“三条保障线”制度的基础上，建立实行最低生活保障的制度。译文采用了释译的策略，解释了“低保”制度的内涵。

例 6-4-5：

原文：加快建设“万村千乡”市场工程，推进连锁经营向农村延伸。

译文：We will accelerate the project to encourage retailers to open stores in more townships and villages，and encourage commercial chains to open more outlets in rural areas.

“万村千乡”市场工程是指 2005 年开始实施的农村现代流通网络建设工程。国家通过安排财政资金，引导城市连锁店和超市等向农村发展“农家店”，满足农民生产生活需求。译文通过解释缩略语的具体所指，翻译了“万村千乡”市场工程的内涵。

（三）时代特色鲜明的词语的翻译

随着我国社会的不断发展，政治文献，特别是政府工作报告，往往含有许多具有鲜明时代特征的词语。一方面，译者必须与时俱进，深入领会新词的深刻内涵，避免直译造成的误译；另一方面，要增强创新意识，积极借鉴英文报刊所采用的表达方式，注意英语的使用。关注西语中表达相似概念的方式特征，使翻译作品在正确政治倾向的前提下准确还原原文意思，同时具有很强的可读性。

例如，近年来，我国住房制度发生了一系列变化，政府工作报告对住房政策的提法也层出不穷，如自主性住房消费、保障性住房消费、经济适用房、棚户区改造等。对于这些名目繁多的新词语，译者可以根据住房适用对象和具体政策，结合英美国家相关的住房政策及其名称表达进行翻译，如将自主性住房译为 owner occupied flats，保障性住房译为 low-income flats，经济适用房译为 affordable flats，棚户区译为 run-down areas。当然，由于国情不同，这些译法在中国的具体所指可能与对应的英语表达方式做不到完全对等，但能让英美读者直观且迅速地了解中国的住房种类。

随着时代的发展，一些含有中国特色词语的内涵会发生变化。因此，在翻译这类词语时，译者应紧随时代，做出适当调整。如“外向型经济”在改革开放之初的 20 世纪 80 年代，主要指优先发展出口产业，以带动其他经济部门的发展，译为 export-oriented economy。现今“外向型经济”指一个国家或地区为了推动经济发展，把国际市场需求作为导向，以扩大出口为中心，积极参与国际分工和国际竞争所建立的经济结构、经济运行机制和经济运行体系。“外向型经济”不仅指出口，更强调企业进行海外投资、在海外建立跨国公司等。因此，“外向型经济”现在译为 global-market-oriented economy，以适应变化了的实际情况。又如，“精神文明”一词在不同时期有不同译法。在 20 世纪 80 年代的《邓小平文选》中，“精神文明”译为 a civilization with a high cultural and ideological level，强调“精神文明”在意识形态和价值观上的语义内涵。21 世纪以来，为了适应时代变化，“精神文明”译为 cultural and ethical progress，强调精神文明建设是对文化和道德观的建设。

（四）避免“中式英语”表达

在探讨如何避免“中式英语”表达之前，有必要先区分一下“中国英语”与“中式英语”这两个说法。“中国英语”是“以规范英语为核心，表达中国社会文化诸领域特有事物，不受母语干扰和影响，通过音译、借译及语义再生诸手段进入英语交际，是具有中国特点的词汇、句式和语篇”（李文中，1993）。例如，纸老虎（paper tiger）、文化大革命（Cultural Revolution）、改革开放（the reform and opening up）、一国两制（one country，two systems）等中国特色词语和特色表达方式都已进入英语语言。“中式英语”则是“口头或书面表达不地道的英语”，不符合英语行文和表达习惯，往往是死译、硬译、字对字翻译的结果，容易引起英语读者不解甚至误解。可以说，“中国英语”力求用规范地道的英语，表达具有中国特色的词语和概念。这些翻译成英语的词语带有中国色彩和汉语思维方式，但仍能够为英语读者所接受。而“中式英语”则是一种受到汉语表达方式和语言结构严重影响、带有翻译腔的英语，很难为讲英语的人所理解和接受。曾在外专局工作多年的美国专家Joan Pinkham曾对中式英语下了一个比较全面的定义：“Chinglish，of course，is that misshapen，hybrid language that is neither English nor Chinese but that might be described as ‘English with Chinese characteristics’”。（所谓中式英语就是那种畸形的、混合的、既非英语又非汉语的语言文字，也可称其为“具有汉语特色的英语”）（Pinkham 2000：1-4）。

在政治文献翻译中，“中式英语”一般有以下五种常见表现：

（1）搭配不当，“学习知识”译为“study/learn knowledge”，“犯错”译为“commit a mistake”。（2）重复累赘，汉语句子常常通过重复的表达方式，达到强调语气的作用；但若直译成英文，译文则显得累赘。例如，“一个地方有一个地方的全局，一个国家有一个国家的全局，一个地球有一个地球的全局”应译为：“A locality has its own overall interest，a nation has another and the earth yet another.”（3）修饰词过多，政府文献中大量使用表示强调的修饰词，如“进一步”“彻底”“认真”等。若将这些词一律照译，不仅使译文累赘，反而削弱意义的表达。（4）多余的词，一些短语表达在汉语中是可以接受的，但若直译成英语则显得多余。例如，“伟大的历史性转变”不能译为“a great historic change”，因为historic已含great之意。（5）词类未转换，如将“中国的富强和发展不会对任何国家构成威胁”译为“The strength，prosperity and development of China will pose no threat to any countries”，则不如译为A strong，prosperous and developed China will pose no threat to any countries更为地道。

政府文献英译文之所以产生“中式英语”的原因可以从两个方面来解释。从客观角度看，忠实原文的翻译要求容易使译者在翻译过程中过于机械呆板，译文表达容易受中文结构的影响；中文使用并列谓语或者并列断句的情况居多，句型也比较单一，用词上抽象重复，容易使译文结构松散，枯燥晦涩，可读性降低（贾毓玲，2003）。从主观上看，主要是由于译者对英汉差异、英语表达习惯和写作规则的把握不够。因此，为了避免中式英语的出现，译者必须真正理解英汉语言的差异：汉语强调并列、句子多并列，且文本中隐含的逻辑联系，更少的连词使用，通过重复的单词来指代上下文；英语强调形合，多主从结构。文中的各从句多显式逻辑连接，上下文以省略、替换、连词等方式的连贯文意。在翻译中，译者应该在忠于原文意思的基础上突出英语语言的特点，正确使用主句和从句，使用更连贯、恰当的替换、连词和省略等手段，避免重复，使翻译表达做到尽量自然、流畅。举例如下：

例 6-4-6：

原文：实现了千百年来围湖造田、与湖争地到大规模退田还湖的历史转变。

译文：This represented a great shift from the centuries-long history of reclaiming farmland from lakes to restoring it to them on a large scale.

原文不止一次重复“湖”（3 次）与“田”（2 次），而译文中 lake 与 farmland 只出现了一次。“围湖造田”和“与湖争地”只译作一个短语 reclaim farmland from lakes。因为原文的两个并列短语属于同义反复，在汉语中起加强语气的作用，在语义上也有一定递进关系，但直译会导致译文语义重复，故将“与湖争地”省去，直接译作 reclaim farmland from lakes，简洁而具体。在翻译“返田还湖”时，则使用代词 it 和 them 代替原文的“田”和“湖”，避免了名词重复，符合英文用代词实现衔接的特点。

四、结语

本节结合政府工作报告的英语翻译，探讨公文文体翻译的特点和原则，分析公文文体在文化翻译的策略和方法。翻译具有中国特色的词语、缩略语及具有鲜明时代特征的词语时，需要译者在准确理解原文含义的基础上，使用的表达或解释能够被目标语言读者理解和接受。为避免中式英语的出现，译者应深刻认识到中英文语言结构和表达的差异，在翻译过程中把握好“形合”的特点，理清翻译中原文的逻辑关系，根据英语写作习惯使用主语从句，使译者在翻译中能更好地理解英语的特点。通过替换、连词、省略号等衔接手段使之连贯可读。

参考文献

[1] 马慧娟. 汉英文化比较与翻译 [M]. 北京：中国对外翻译出版有限公司，2014.

[2] 宿荣江. 文化与翻译 [M]. 北京：中国社会出版社，2009.

[3] 包惠南. 文化语境与语言翻译 [M]. 北京：中国对外翻译出版有限公司，2001.

[4] 陈吉荣，王宏印. 从节译看自译的具体化策略 [J]. 外语教学，2008 (2).

[5] 李运兴. 英汉语篇翻译 [M]. 北京：清华大学出版社，2000.

[6] 程镇球. 翻译论文集 [M]. 北京：外语教学与研究出版社，2002.

[7] 沈复著；白伦，江素惠译. Six Records of Floating Life [M]. 南京：译林出版社，2006.

[8] 金惠康. 跨文化交际翻译 [M]. 北京：中国对外翻译出版公司，2003.

[9] 冯庆华. 实用翻译教程（增订本） [M]. 上海：上海外语教育出版社，2002.

[10] 郭建中. 文化与翻译 [M]. 北京：中国对外翻译出版公司，2001.

[11] 胡波，张淑玲. 英汉典故对比翻译 [M]. 哈尔滨：哈尔滨地图出版社，2007.

[12] 胡壮麟. 认知隐喻学 [M]. 北京：北京大学出版社，2004.

[13] 黄伯荣，廖序东. 现代汉语 [M]. 北京：高等教育出版社，2002.

[14] 黄勇. 英汉语言文化比较 [M]. 西安：西北工业大学出版社，2007.

[15] 贾文波. 应用翻译功能论 [M]. 北京：中国对外翻译出版有限公司，2005.

[16] 江枫. 江枫论文学翻译自选集 [M]. 武昌：武汉大学出版社，2009.

[17] 白靖宇. 文化与翻译 [M]. 北京：中国社会科学出版社，2010.

[18] 陈小慰. 新编实用翻译教程 [M]. 北京：经济科学出版社，2006.

[19] 李荣启. 文学语言学 [M]. 北京：人民出版社，2005.

[20] 林宝卿. 汉语与中国文化 [M]. 北京：科学出版社，2000.

[21] 刘法公. 组织机构汉英译名统一的“名从源主”论 [J]. 外语与外语

教学，2009（12）.
[22] 刘法公. 隐喻汉英翻译原则研究 [M]. 北京：国防工业大学出版社，2008.
[23] 张公瑾，丁石庆. 文化语言学教程 [M]. 北京：高等教育出版社，2004.
[24] 束定芳. 隐喻学研究 [M]. 上海：上海外语教育出版社，2001.
[25] 孙勉志. 汉语环境与英语学习 [M]. 上海：上海外语教育出版社，2001.
[26] 谭卫国. 英语隐喻的分类、理解与翻译 [J]. 中国翻译，2007（6）.
[27] 王金波，王燕. 论《红楼梦》地名人名双关语的翻译 [J]. 外语教学，2004（4）.
[28] 王金波. 谈国内翻译研究中的译名问题 [J]. 中国翻译，2003（3）.
[29] 张春悦. 从英汉语言文化差异看政论英语的翻译 [D]. 哈尔滨：黑龙江大学. 2002.
[30] 汪涛. 实用英汉互译技巧 [M]. 武汉：武汉大学出版社，2001.
[31] 王小萍. 政治文献英译的疑难及其解决办法 [J]. 山东外语教学，2006（5）.
[32] 韦孟芬. 化差异下隐喻的理解和翻译 [J]. 中国科技翻译. 2011.
[33] 吴笛. 比较视野中的欧美诗歌 [M]. 北京：作家出版社，2004.
[34] 邢惠华. 形合、意合与英汉互译 [D]. 上海：华东师范大学，2004.
[35] 闫文培. 全球化语境下的中西文化及语言对比 [M]. 北京：科学出版社，2007.
[36] 杨自俭，刘学云. 翻译新论 [M]. 武汉：湖北教育出版社，1996.